踏遍青山矿业新

裴荣富 传

科学家学术成长资料采集工程 丛书

国 工 程 院 院 士 传 记

韩 露　王浩琳　卢艳平◎著

老科学家学术成长资料采集工程

中国工程院院士传记 丛书

踏遍青山矿业新

裴荣富传

韩露 王浩琳 卢艳平◎著

中国科学技术出版社

上海交通大学出版社

图书在版编目（CIP）数据

踏遍青山矿业新：裴荣富传／韩露　王浩琳　卢
艳平著．—北京：中国科学技术出版社，2016.1
（老科学家学术成长资料采集工程丛书．中国
工程院院士传记丛书）
ISBN 978-7-5046-6719-9

I.①踏…　II.①韩…　III.①裴荣富-传记
IV.① K826.16

中国版本图书馆 CIP 数据核字 (2014) 第 233624 号

出 版 人	秦德继　韩建民
责任编辑	李 红 许 慧
责任校对	杨京华
责任印制	张建农
版式设计	中文天地

出　　版	中国科学技术出版社　上海交通大学出版社
发　　行	科学普及出版社发行部
地　　址	北京市海淀区中关村南大街16号
邮　　编	100081
发行电话	010-62103130
传　　真	010-62179148
网　　址	http://www.cspbooks.com.cn

开　　本	787mm×1092mm　1/16
字　　数	190千字
印　　张	13
彩　　插	2
版　　次	2016年3月第1版
印　　次	2016年3月第1次印刷
印　　刷	北京华联印刷有限公司
书　　号	ISBN 978-7-5046-6719-9 / K · 155
定　　价	40.00元

老科学家学术成长资料采集工程
领导小组专家委员会

老科学家学术成长资料采集工程
丛书组织机构

老科学家学术成长资料采集工程简介

老科学家学术成长资料采集工程（以下简称"采集工程"）是根据国务院领导同志的指示精神，由国家科教领导小组于 2010 年正式启动，中国科协牵头，联合中组部、教育部、科技部、工信部、财政部、文化部、国资委、解放军总政治部、中国科学院、中国工程院、国家自然科学基金委员会等 11 部委共同实施的一项抢救性工程，旨在通过实物采集、口述访谈、录音录像等方法，把反映老科学家学术成长历程的关键事件、重要节点、师承关系等各方面的资料保存下来，为深入研究科技人才成长规律，宣传优秀科技人物提供第一手资料和原始素材。按照国务院批准的《老科学家学术成长资料采集工程实施方案》，采集工程一期拟完成 300 位老科学家学术成长资料的采集工作。

采集工程是一项开创性工作。为确保采集工作规范科学，启动之初即成立了由中国科协主要领导任组长、12 个部委分管领导任成员的领导小组，负责采集工程的宏观指导和重要政策措施制定，同时成立领导小组专家委员会负责采集原则确定、采集名单审定和学术咨询，委托中国科学技术史学会承担具体组织和业务指导工作，建立专门的馆藏基地确保采集资料的永久性收藏和提供使用，并研究制定了《采集工作流程》、《采集工作规范》等一系列基础文件，作为采集人员的工作指南。截至 2014 年年底，已启动 304 位老科学家的学术成长资料采集工作，获得手稿、书信等实物原件资料 52093 件，数字化资料 137471 件，视频资料 183878 分钟，音频资料 224825 分钟，具有重要的史料价值。

采集工程的成果目前主要有三种体现形式，一是建设一套系统的"老科学家学术成长资料数据库"（本丛书简称"采集工程数据库"），提供学术研究和弘扬科学精神、宣传科学家之用；二是编辑制作科学家专题资料片系列，以视频形式播出；三是研究撰写客观反映老科学家学术成长经历的研究报告，以学术传记的形式，与中国科学院、中国工程院联合出版。随着采集工程的不断拓展和深入，将有更多形式的采集成果问世，为社会公众了解老科学家的感人事迹，探索科技人才成长规律，研究中国科技事业的发展历程提供客观翔实的史料支撑。

总序一

中国科学技术协会主席　韩启德

　　老科学家是共和国建设的重要参与者，也是新中国科技发展历史的亲历者和见证者，他们的学术成长历程生动反映了近现代中国科技事业与科技教育的进展，本身就是新中国科技发展历史的重要组成部分。针对近年来老科学家相继辞世、学术成长资料大量散失的突出问题，中国科协于2009年向国务院提出抢救老科学家学术成长资料的建议，受到国务院领导同志的高度重视和充分肯定，并明确责成中国科协牵头，联合相关部门共同组织实施。根据国务院批复的《老科学家学术成长资料采集工程实施方案》，中国科协联合中组部、教育部、科技部、工业和信息化部、财政部、文化部、国资委、解放军总政治部、中国科学院、中国工程院、国家自然科学基金委员会等11部委共同组成领导小组，从2010年开始组织实施老科学家学术成长资料采集工程。

　　老科学家学术成长资料采集是一项系统工程，通过文献与口述资料的搜集和整理、录音录像、实物采集等形式，把反映老科学家求学历程、师承关系、科研活动、学术成就等学术成长中关键节点和重要事件的口述资料、实物资料和音像资料完整系统地保存下来，对于充实新中国科技发展的历史文献，理清我国科技界学术传承脉络，探索我国科技发展规律和科技人才成长规律，弘扬我国科技工作者求真务实、无私奉献的精神，在全社会营造爱科学、学科学、用科学的良好氛围，是一件很有意义的事情。采集工程把重点放在年龄在80岁以上、学术成长经历丰富的两院院士，以及虽然不是两院院士、但在我国科技事业发展中作出突出贡献的老科技工作者，充分体现了党和国家对老科学家的关心和爱护。

自2010年启动实施以来，采集工程以对历史负责、对国家负责、对科技事业负责的精神，开展了一系列工作，获得大量反映老科学家学术成长历程的文字资料、实物资料和音视频资料，其中有一些资料具有很高的史料价值和学术价值，弥足珍贵。

以传记丛书的形式把采集工程的成果展现给社会公众，是采集工程的目标之一，也是社会各界的共同期待。在我看来，这些传记丛书大都是在充分挖掘档案和书信等各种文献资料、与口述访谈相互印证校核、严密考证的基础之上形成的，内中还有许多很有价值的照片、手稿影印件等珍贵图片，基本做到了图文并茂，语言生动，既体现了历史的鲜活，又立体化地刻画了人物，较好地实现了真实性、专业性、可读性的有机统一。通过这套传记丛书，学者能够获得更加丰富扎实的文献依据，公众能够更加系统深入地了解老一辈科学家的成就、贡献、经历和品格，青少年可以更真实地了解科学家、了解科技活动，进而充分激发对科学家职业的浓厚兴趣。

借此机会，向所有接受采集的老科学家及其亲属朋友，向参与采集工程的工作人员和单位，表示衷心感谢。真诚希望这套丛书能够得到学术界的认可和读者的喜爱，希望采集工程能够得到更广泛的关注和支持。我期待并相信，随着时间的流逝，采集工程的成果将以更加丰富多样的形式呈现给社会公众，采集工程的意义也将越来越彰显于天下。

是为序。

总序二

中国科学院院长　白春礼

　　由国家科教领导小组直接启动，中国科学技术协会和中国科学院等12个部门和单位共同组织实施的老科学家学术成长资料采集工程，是国务院交办的一项重要任务，也是中国科技界的一件大事。值此采集工程传记丛书出版之际，我向采集工程的顺利实施表示热烈祝贺，向参与采集工程的老科学家和工作人员表示衷心感谢！

　　按照国务院批准实施的《老科学家学术成长资料采集工程实施方案》，开展这一工作的主要目的就是要通过录音录像、实物采集等多种方式，把反映老科学家学术成长历史的重要资料保存下来，丰富新中国科技发展的历史资料，推动形成新中国的学术传统，激发科技工作者的创新热情和创造活力，在全社会营造爱科学、学科学、用科学的良好氛围。通过实施采集工程，系统搜集、整理反映这些老科学家学术成长历程的关键事件、重要节点、学术传承关系等的各类文献、实物和音视频资料，并结合不同时期的社会发展和国际相关学科领域的发展背景加以梳理和研究，不仅有利于深入了解新中国科学发展的进程特别是老科学家所在学科的发展脉络，而且有利于发现老科学家成长成才中的关键人物、关键事件、关键因素，探索和把握高层次人才培养规律和创新人才成长规律，更有利于理清我国科技界学术传承脉络，深入了解我国科学传统的形成过程，在全社会范围内宣传弘扬老科学家的科学思想、卓越贡献和高尚品质，推动社会主义科学文化和创新文化建设。从这个意义上说，采集工程不仅是一项文化工程，更是一项严肃认真的学术建设工作。

中国科学院是科技事业的国家队，也是凝聚和团结广大院士的大家庭。早在1955年，中国科学院选举产生了第一批学部委员，1993年国务院决定中国科学院学部委员改称中国科学院院士。半个多世纪以来，从学部委员到院士，经历了一个艰难的制度化进程，在我国科学事业发展史上书写了浓墨重彩的一笔。在目前已接受采集的老科学家中，有很大一部分即是上个世纪80、90年代当选的中国科学院学部委员、院士，其中既有学科领域的奠基人和开拓者，也有做出过重大科学成就的著名科学家，更有毕生在专门学科领域默默耕耘的一流学者。作为声誉卓著的学术带头人，他们以发展科技、服务国家、造福人民为己任，求真务实、开拓创新，为我国经济建设、社会发展、科技进步和国家安全作出了重要贡献；作为杰出的科学教育家，他们着力培养、大力提携青年人才，在弘扬科学精神、倡树科学理念方面书写了可歌可泣的光辉篇章。他们的学术成就和成长经历既是新中国科技发展的一个缩影，也是国家和社会的宝贵财富。通过采集工程为老科学家树碑立传，不仅对老科学家们的成就和贡献是一份肯定和安慰，也使我们多年的夙愿得偿！

鲁迅说过，"跨过那站着的前人"。过去的辉煌历史是老一辈科学家铸就的，新的历史篇章需要我们来谱写。衷心希望广大科技工作者能够通过"采集工程"的这套老科学家传记丛书和院士丛书等类似著作，深入具体地了解和学习老一辈科学家学术成长历程中的感人事迹和优秀品质；继承和弘扬老一辈科学家求真务实、勇于创新的科学精神，不畏艰险、勇攀高峰的探索精神，团结协作、淡泊名利的团队精神，报效祖国、服务社会的奉献精神，在推动科技发展和创新型国家建设的广阔道路上取得更辉煌的成绩。

总序三

中国工程院院长　周　济

　　由中国科协联合相关部门共同组织实施的老科学家学术成长资料采集工程，是一项经国务院批准开展的弘扬老一辈科技专家崇高精神、加强科学道德建设的重要工作，也是我国科技界的共同责任。中国工程院作为采集工程领导小组的成员单位，能够直接参与此项工作，深感责任重大、意义非凡。

　　在新的历史时期，科学技术作为第一生产力，已经日益成为经济社会发展的主要驱动力。科技工作者作为先进生产力的开拓者和先进文化的传播者，在推动科学技术进步和科技事业发展方面发挥着关键的决定的作用。

　　新中国成立以来，特别是改革开放30多年来，我们国家的工程科技取得了伟大的历史性成就，为祖国的现代化事业作出了巨大的历史性贡献。两弹一星、三峡工程、高速铁路、载人航天、杂交水稻、载人深潜、超级计算机……一项项重大工程为社会主义事业的蓬勃发展和祖国富强书写了浓墨重彩的篇章。

　　这些伟大的重大工程成就，凝聚和倾注了以钱学森、朱光亚、周光召、侯祥麟、袁隆平等为代表的一代又一代科技专家们的心血和智慧。他们克服重重困难，攻克无数技术难关，潜心开展科技研究，致力推动创新发展，为实现我国工程科技水平大幅提升和国家综合实力显著增强作出了杰出贡献。他们热爱祖国，忠于人民，自觉把个人事业融入到国家建设大局之中，为实现国家富强而不断奋斗；他们求真务实，勇于创新，用科技为中华民族的伟大复兴铸就了辉煌；他们治学严谨，鞠躬尽瘁，具有崇高的科学精神和科学道德，是我们后代学习的楷模。科学家们的一生是一本珍贵的教科书，他们坚定的理想信念和淡泊名利的崇高品格是中华民族自强不息精神的宝贵财富，永远值得后人铭记和敬仰。

通过实施采集工程，把反映老科学家学术成长经历的重要文字资料、实物资料和音像资料保存下来，把他们卓越的技术成就和可贵的精神品质记录下来，并编辑出版他们的学术传记，对于进一步宣传他们为我国科技发展和民族进步作出的不朽功勋，引导青年科技工作者学习继承他们的可贵精神和优秀品质，不断攀登世界科技高峰，推动在全社会弘扬科学精神，营造爱科学、讲科学、学科学、用科学的良好氛围，无疑有着十分重要的意义。

中国工程院是我国工程科技界的最高荣誉性、咨询性学术机构，集中了一大批成就卓著、德高望重的老科技专家。以各种形式把他们的学术成长经历留存下来，为后人提供启迪，为社会提供借鉴，为共和国的科技发展留下一份珍贵资料。这是我们的愿望和责任，也是科技界和全社会的共同期待。

周济

裴荣富

在第 34 届国际地质大会的现场，采集小组成员韩露对裴荣富进行访谈
（左一：梅燕雄，左二：裴荣富，右一：韩露）

裴荣富参观馆藏基地
（左一：裴荣富，左二：王浩琳，右一：韩露）

采集小组成员在查阅裴荣富的档案
（左一：陈雁，右一：吕瑞花）

序

2010 年国家开始进行老科学家学术成长资料采集工程，这让我非常感动。老科学家们虽然在各自的领域作出过一些贡献，但是毕竟岁月不饶人，体力不如年轻人那样充沛，活动不如年轻人自如，对国家、对社会的贡献也将越来越有限。知识是推陈出新的，但是年轻科研工作者必须在掌握老一辈积累和探求到的知识基础上，才能不断更新。如何让我们这些老一辈人继续发挥作用呢？这也是我们自己应该常思考的。

曾经有句话，"站在巨人的肩上"。如果年轻一辈科研工作者，能够站在这些老科学家的"肩膀上"或许能快速地在科研领域成长起来，如果能够发挥这样的作用我就已经感到很欣慰了。

当得知要对我进行资料采集时，我既兴奋又惶恐。自己作为工程院院士中的一员，能通过采集工程为中青年科研工作者的发展进步发挥余热，把我自己的思想传播给一些同行的年轻学者，这使我感到兴奋；作为矿床学和矿产勘查方面的专家，我认为所有的成果都是集体共同努力的结果，我只是一个负责人或者重要参与者，我能清晰地、全面地将多年的学术研究和实际项目中的学术思想发展说得到位吗？能不偏不倚吗？这又使我感到惶恐。但是随着采集工程的深入，采集小组的一次次工作打消了我的顾虑，他们从人事档案、科研档案、学术专著、新闻报道等多种渠道进行挖掘和研究，同时安排了对我的多次口述采访，这些工作使我逐渐更加深入地认识到了采集工程的重大意义，我想无论如何我是新中国成立以来科研道路上的一员，我愿意为今后的各种研究留下一些真实的资料。

随着采集访谈工作的结束，采集小组约我为本书写序，我思量许久。坚持学习、勤奋刻苦、坚持实践等优点几乎是每位科学家都具备的优秀品质，不再多写。虽然我多次承担援外工作，这是比较有特点的，但随着世界的扁平化，今天的科研工作者与国外交流是相对容易的，说事情本身对他们帮助不大。我只想谈谈贯穿于学习和工作生涯的三个思想："顺势而为""白马非马"和"DECUT"。"顺势而为"是我的生活和工作态度，使我随着新中国的成长而一起成长，基本参与了不同时期、不同阶段的有关地质学及矿产勘探的重要工作；"白马非马"是我在学术上的哲学思想，从不同矿产的个性里找共性、找规律，不断突破；"DECUT"是我从事地质工作的综合研究方法。正因为有了好的方法，才使我事半功倍。

顺势而为

"顺势而为"是我回顾学习工作生涯很大的一个感受。在我的成长道路中虽然也经历了抗日战争、国共两党的内战、新中国成立、"文化大革命"、改革开放等一些重要的历史时期，我的思想、人生观和价值观也是逐渐在这些时期的磨练中成熟起来的，但是无论面对何种抉择，我都是顺应国家的发展、历史发展方向的大趋势，让自我的抉择服从于国家和民族的抉择。这里我不是说那种消极的顺势态度，我认为只有顺国家发展的大势，顺专业发展的大势，顺行业需求的大势，科研工作者的勤奋努力才能事半功倍。

北京解放，留还是走

少年时期，因父亲早亡，家境衰败，两个成绩不错的哥哥都陆续辍学了，但是一直供我读书，通过学习改变自己的命运是我唯一的选择。在沦陷区时的学习过程中虽然也曾经对前途感到迷茫，但是读书的信念一直未变，支撑我一直考上了北京师范大学，后转到清华大学。1948 年，我毕业的前夕，当时反内战、反饥饿学生运动在全国发展，随之解放军围困北京城，清华大学成了解放区。我在学校时就是拥护中共党组织的成员，因此，我顺应社会发展大势，毅然放弃南下去个旧工作的机会，决定留在北京等待工作。不久北京和平解放，人民政府接管了北平地质调查所工作，我参加了该所的工作。这使我在国内的地质工作有了很好的开端。

积极投身到新中国建设初期的普查勘探工作中

新中国成立初期，国家要发展工业，但没有矿产，是个源头上的问题。于是，全国开展普查勘探以增加矿产资源。我加入了普查勘探的大军，按组织上安排跟随留用的日本地质学家森田次子到山西大同进行为期一年的考察。我非常尊敬组织上安排的这位老专家，让他骑驴，我走路，同时也虚心学习。这为我在煤田地质研究方面积累了很好的经验，也成长为真正的技术员。1950年5月，我有幸加入了赫赫有名的东北地质调查队，跟随程裕淇和宋叔和等人在辽宁青城子一带开展有色金属矿产普查评价工作。1951年，我又跟随王曰伦到山西五台山参加区域调查工作。通过对五台山的地质调查否定了前人的一部分观点，重新建立了地层系统。在这些著名专家的带领下，我对区域调查和金属矿的勘查有了深入的了解，迅速地成长为一名有经验、有素质的地质技术人员。

援助苏丹重返地质工作岗位

1965年，印巴战争期间，中巴双方开始了很多友好的合作与援助，国家安排我作为地质方面的专家援助巴基斯坦，进行铁矿评价。

"文化大革命"期间虽然我也被下放到"五七"干校生活了三年，但是，我始终没有放弃地质矿产研究，我相信我们这些研究人员不会永远在干校生活下去。正在这时候一个难得的机会让我重返我热爱的地质工作岗位，那就是援助苏丹。1973年9月，我担任勘查地质队总工程师，援助苏丹对英格萨纳山进行铬矿勘探，历时四年，勘探出百万吨铬铁矿，获得好评。1982年，我再次受到苏丹地质矿产部邀请，对红海山区进行铁矿评价咨询储量勘探，指出该区铁矿属火山成因的区域矿床系列，为在红海山区寻找铁矿提供有益见解。

我通过这些援外工作，视野更加开阔，知识更为全面，通过这些实践我从专业上增加了这类国内稀缺矿产的勘探经验。同时，作为国家指派的专家，我从思想上加强了对地质工作的认识，增强了援外工作的使命感和责任感。这些援外经历为我登上世界地质舞台打下了扎实的基础。

立足本国面向全球做研究

随着世界全球化的发展，国际间的学术交流与合作越来越多。我在国际舞台上也逐渐活跃。我深刻感受到，立足国内不等于闭关自守，任何国家的地质工作不是孤立的，都要围绕"同一个地球，同一个地质"的精神。因此，中国要突破矿产资源瓶颈，立足国内是根本，走向全球、跟踪国际是策略。随着改革开放的深入和国内经济的高速发展，中国地质工作"走出去"尽管很活跃，但很多是盲目的，对即将开展工作的地区缺乏了解，摸不清前景，"竹篮打水一场空"的情形时有发生。因此，必须开展国际性的工作，为中国地质工作"走出去"提供服务。于是，我在2000年承担了编制世界大型－超大型成矿图的项目，完成了《1∶25M世界大型－超大型成矿图》。之后我进一步向勘探海洋矿产资源迈进，世界地质图委员会批准设立了矿产资源编图国际合作项目——"1∶2500万世界海洋矿产资源图"。海洋资源图完成以后，便从大陆裂解、大洋开合、大洋消减、大陆汇聚碰撞、大陆增生这样的演化规律再重新探讨全球的成矿。

"白马非马"

在具体的科学思想上，我借用了"白马非马"的哲学概念作为地质工作的科学思想。"白马"是个性的，"马"是共性的。因为地质工作是对自然现象的一个探索，要在野外工作实践中逐渐总结规律和提出观点。在实践中得到的信息多了，看法就准确些，得到的信息少了，不同的观点就多；即使得到了相同的信息，不同的人不同思维方式会有不同的解释，所以，我在研究中很注重个性向共性发展的思维方法。比如，用比对验证的方法发展出成矿类型的模型概念，即建立"马类"的模型。这样，将一个矿的研究，归纳在一组矿床，再到一类矿床的研究范畴内，将国内矿床归纳到全球性矿床范畴内。矿产资源的形成是各种成矿因素的最佳耦合，但这种最佳耦合出现的机率很小，必须通过大量地质观察、科学实验和深化认知才能总结出较为科学的规律。

我提出了金属成矿省的四个等级体制成矿理论，即金属成矿是有背景、有控矿场、有流体相、有成矿的构造部位（指矿床）的，简称为"景、场、相、床"四个等级。成矿学等级体制研究主要强调从金属成矿省、成矿地质演化历史进程中认识四个等级有机耦合的成矿演化规律，揭示出最佳耦合能形成一个大矿。据此，不仅可以从成矿统一框架内部的整体提高区域及全球的成矿对比发展成矿学理论，而且按照等级体制不同层次及其成矿史演化进程的耦合程度，能够有次序地合理进行矿产资源评价和矿产勘查。

衍生矿床导向和成矿轨迹预测研究是我们根据提出的地质直接找矿方法，即应用生物翻译的遗传变异理论解释成矿作用的发生和发展，探讨成矿作用的来龙去脉，从而发现衍生相（母子）矿床和变异相（姊妹）矿床，同时还可根据衍生路径追踪预测。衍生矿床导向和成矿轨迹追踪预测是对隐伏矿床地进行预测的新方法，不仅发展了衍生矿理论，而且是在华北地台北缘金矿成矿远景进行成矿预测的新尝试；特别是对冀西北和冀东两矿集区金矿进行了成功预测，为该区深入进行金矿勘查做出了重要贡献。

大矿及超大矿的新认知。我通过对超大矿的研究，掌握了六大洲、121个国家、21个矿种、1285个大矿，用这些大矿、超大矿量变的线性回归方程显示出的趋势，与它量变的计划作一个曲线，利用这个曲线分划出轻量级、重量级、超重量级，进而把这个大矿分为大矿、超大矿、特超大矿，再根据不同的量级找矿。

这些重要的学术观点都是运用了"白马非马"的科学思想，从实践中得出又用于实践。

"DECUT"

最后，我想强调地质工作的方法。我的成长以及科研工作的成就都是一直遵守"DECUT"并认真实施才取得的。D（Description）意为通过大量的野外地质观察，对客观地质体进行真实的描述，这是地质工作的基础；E（Experiment）意为应用各种测试技术的实验，是在野外地质观察基础上的锦上添花，但是如果野外工作不佳，再好的实验也是鲜花插在牛粪上；C（Contrast）意为对比，必须通过区、省、国内、国外比对，才能避免坐井观天；然后达到 U（Understanding），即理解成矿，达到知其所以然；最后是 T（Theoretical），即将知其所以然上升为理论高度。在这五个词中 D 是最重要的，是地质工作一生成就的基础，也就是学术成就的地质工程背景。

希望以上的介绍，对青年科研工作者能有所帮助。

感谢采集小组对我进行了多次的口述访谈，并在地质科学院矿产资源研究所收集了人事档案和科技档案等资料，在北京市档案馆收集了日伪政府统治时期北平师范大学的资料，在全国地质资料馆收集了我曾经提交的野外勘查报告，并分别到北京师范大学档案馆、清华大学图书馆和档案馆进行了其他相关资料的采集，尽可能完整地了解和搜集了能够反映我成长环境、求学过程以及工作情况的多方面资料。通过访谈和采集，我也在不断回忆学术成长历程中的几个主要的关键点，以及影响我整个学术成长历程的重要因素。我想用"激情燃烧的岁月"来形容自己的学术成长经历，我想这也是我们这一代人生活工作的写照，希望年轻科研工作者能超越我们。

裴荣富

2014 年 10 月 8 日

目 录

图片目录

导　言

　　裴荣富为我国的地质勘探事业奋斗了 70 年，他将开发矿业作为自己的终身志向，找矿的足迹遍布大江南北，矿产勘查和地质研究硕果累累。他构筑了矿产勘查"双控论""合理域"理论，发展了金属成矿省理论，揭秘了大型及超大型异常成矿的机理……他是我国著名的矿床学家、矿产勘查学家，曾任地质矿产部矿床地质研究所所长、中国地质学会矿床地质专业委员会主任兼矿产勘查专业委员会副主任、国际矿床成因协会主席。

　　裴荣富生于 1924 年 8 月，河北省秦皇岛人，原籍山东聊城。1948年 8 月，裴荣富毕业于清华大学理学院地学系，获得理学学士学位。1949 年进入北平地质调查所，从此开始了长期的矿产勘查和成矿科学研究工作。1957 年调入地质部矿物原料研究所任工程师，直至 1972 年参加援外工作。1979 年从苏丹回国后在地质部矿床地质研究所（现中国地质科学院矿产资源研究所）工作至今。1999 年裴荣富当选为中国工程院院士。多年来，裴荣富在金属矿床学、区域成矿规律、超大型矿床与异常成矿作用、金属成矿的演化与成矿年代学、矿产普查勘探等领域辛勤耕耘，带领他的团队取得了丰硕的成果，其中获国家科学技术进步奖二等奖 2 次（1988 年和 2007 年）、地质矿产部科学技术进步奖一等奖 2 次（1990 年和 1997 年）、国土资源部科技进步奖二等奖 4 次（2004 年、2006 年和 2008 年）。此外，他还获得了李四光地质奖（1995 年）等荣誉。2004 年，裴荣富获得国际矿床成因协会理事会授予的国际矿床地质科学界的最高荣誉——终身会员荣誉（Honorary Life Membership）称号，成为亚洲获此殊荣的第一人。

　　裴荣富出身清贫，幼年时他的家位于河北省临榆县秦皇岛镇，那里曾是我国最大的煤炭出口港，他的父亲在秦皇岛开滦矿务局任职。从小的耳濡目染使他很早就对矿业开发产生了浓厚的兴趣，因而他凭借自己的坚持和毅力，始终没有放弃学业，为以后的科学研究打下了良好的基础。裴荣富在北平师范大学和清华大学求学期间，师从过我国许多著名的地质科学家，接受西式教育，系统地学习了各类地质学知识。参加工作后，他认真地向日本地质学家学习野外勘查方法，在苏联专家的指导下掌握了较为规范的矿产勘查方法，他先后跟随程裕淇、宋叔和、王曰伦等我国老一辈地质专家在辽宁青城子、丹东、山西五台山等地开展了区域地质调查和矿产勘查评价的实际工作，接受野外地质实践的锻炼。作为地质工作者，他养成了详细作地质工作笔记的习惯，并善于总结科学规律。地质工作中学习与实践的高度结合使他形成了独特的科学方法和科学思想。

　　20 世纪 50 年代，裴荣富响应党的号召，积极投身到新中国成立初期的地质勘探与矿产开发的建设热潮中。1952 年他赴湖北大冶，作为地质部 429 队的技术员开展铁矿普查勘探工作，参与了尖林山盲矿和程潮铁矿的发现和勘查。其间他通过研究提出大冶式铁矿为广义矽卡岩型矿床的概念，并划分出六类接触构造型式，为大冶铁矿的深部找矿工作提供了地质依据。1955 年他调入地质部 304 地质队，主持了对江苏锦屏磷矿的勘探工作，为扩大海州式磷矿储量提供了重要的地质依据。大量的实践工作使他从一名普通的技术人员成长为工程师，又于 1957 年调至原地质部矿物原料研究所任主任工程师，负责综合地质勘查方法研究室。

　　70 年代裴荣富受命领衔国家援外项目，任援外地质队总工程师，率队远赴巴基斯坦，解决硅酸铁矿的开发开采问题。之后他又一次服从组织安排，加入当时地质部援助苏丹铬矿勘查地质队，出任总工程师，带领 200 多人的队伍进行了长达四年之久的地质勘查工作，在系统完成区域地质调查的基础上发现了 12 个新的具有工业利用价值的铬矿体，探明 70 余万吨铬矿石工业储量。他卓越的工作能力赢得了组织的信任，四年后他再次被派往苏丹担任苏丹能源矿业部地质咨询顾问，主持红海山区铁矿勘查评价，发现了海底喷流沉积新类型矿床。回国后，他领导由地质部综合地质大队等单位组成的近 30 人的研究队伍，在全国范围内完成了 10 个矿种、30 多个矿山的固体矿产地质勘查与矿山开采工程验证对比研究，获得了大量的第一手资料，创造性地提出了我国矿产勘查的"双控论""合理域"科学技术模型和"风险投资决策支持系统科学技术模型"，发展了矿产资源勘查理论。

　　裴荣富借用"白马非马"的哲学概念作为地质工作的科学思想。他在研究中很注重个性向共性发展的思维方法。裴荣富针对地质工作的这种性质，根据长期的从业经验，总结出"DECUT"的综合研究方法，即描述（Description）— 实验（Experiment）— 对比（Contrast）— 理解（Understanding）—理论（Theoretical）。裴荣富通过这种研究方法成为其专业领域的集大成者。

　　在矿业开发的问题上，裴荣富一直认为，矿产作为不可再生的耗竭性自然资源，是不可逆的，因此，寻找和合理开发大型－超大型矿床具有重要的意义。实现大型－超大型矿床的合理开发，既要满足当代人的需要，也不能危害后代人的发展。无论是在公益还是在商业性质的地质活动中，进行地质矿产勘查工作都要客观和慎重，要按科学研究的规律进行，系统地长期探索，深入地研究矿产资源形成的条件和成矿规律，不断深化找矿新"认知"，科学地掌握不同层次资源评价—普查勘探科学程序全过程的客观规律；以地质研究保证和技术经济研究保证的"双控论"和"合理域"为准则，以风险投资的市场经济性和特殊政策要求作为矿产勘查合理评价的尺度，资源评价—地质勘查要依附于矿业开发，把资源评价—地质勘查作为矿业开发的起点。

中国国土资源部总工程师张洪涛是裴荣富20世纪80年代培养的博士。那些年张洪涛跟随在导师身边，一起参加艰苦的矿业勘探和严谨的科学研究，毕业后又在同一行业工作，因此对裴荣富的工作有极为深刻的了解。他曾在《祝贺裴荣富院士从事地质工作60周年》学术专辑中用几个简短的词归纳了裴荣富院士的地质生涯："身体力行、劳以万里""学贯中西、匠石运斤""文理兼通、厚德载物"。

2011年11月，在中国科协联合相关部门共同组织和实施的老科学家学术成长资料采集工程的支持下，采集小组在中国地质科学院矿产资源研究所对裴荣富进行了口述采访，对他的学术成长经历进行了较为系统的考察，内容包括裴荣富院士的求学经历、教育背景、师承关系以及地质勘查工作的经历等。裴荣富虽然年事已高，但精神矍铄，依然坚持科研工作，参加学术会议，甚至经常到野外去勘查。因此，为了配合他的工作，我们的采访历时较长，共跨越了近10个月的时间，口述访谈长达10小时。此外，我们还搜集到一些公开发表的文献和出版物上的资料，例如《中国国土资源报》《矿床地质》及一些媒体对裴荣富的专访。但是，这些资料较为笼统，内容大多集中在近年来裴荣富的研究成果和研究动态上，不能全面地反映他的成长历程，为此采集小组较为全面地搜集了裴荣富的著作7部，论文110篇，通过研究他的科研成果，了解他的学术传承、研究方法，解读他的学术思想。

除公开出版的各种资料外，采集小组还在地质科学院矿产资源研究所查阅了裴荣富的人事档案和科研档案，以及在北京市档案馆查阅了日伪政府统治时期北平师范大学的资料，在全国地质资料馆采集了裴荣富曾经提交的野外勘查报告，分别到北京师范大学档案馆、清华大学图书馆和档案馆进行了其他相关资料的采集，尽可能完整地了解和梳理有关裴荣富的成长环境、求学过程以及工作期间的多方面资料。但是，遗憾的是，裴荣富在秦皇岛的旧居已经没有了，他所就读的小学、中学也已经取消了，所以一些早年的求学资料无从获得；裴荣富早年参加工作的地质部429队、304队以及黑色金属司等单位，也因为合并或取消使得我们无法获取关于早年工作经历的详细资料。因此，采集小组只能通过对裴荣富本人的访谈、外围访谈以及采集资料的挖掘来发现裴荣富在学术成长历程中的几个主要的关键点，探究影响他整个学术成长历程的重要因素以及他在勘查实践、科学研究、创新思想等方面所做出的贡献。此外，通过对裴荣富的采访和研究，梳理了新中国的矿产勘探和地质科学的发展历程，也了解了我国本土培养的科学家的曲折的人生经历和时代特点。

采集小组对裴荣富的成长进行了深入的分析，认为能够支持他走到今天最关键的因素在于他的执着和终身学习的精神。少年时代身处沦陷区，大学时代国内社会混乱而动荡，他始终没有因为生活的困难而放弃学业。工作后，他向日本、苏联专家学习，向我国老一辈地质学家学习，直到现在，他依然坚持学习，只要是比他高明的观点，他都非常愿意接受。裴荣富本人性格开朗、乐观，具有很强的凝聚力，大学期间的启发式教育使他具有非常开放的学术思想，在苏联专家面前敢于提出自己的疑问，在同行争论的时候却也从不固执己见，因此，很多搞矿产勘查和地质学研究的优秀人才喜欢围绕着他，与他一同工作。裴荣富领导的团队具有良好的学术氛围，大家互相学习，团结协作，取得了丰硕的科研成果。裴荣富曾在采访中说："地质勘探工作就是一个认识地球的过程，有太多的未知。找矿就像瞎子摸象，在野外调查的时候需要靠团体通力合作，有的摸到象头，有的摸到象腿，有的摸到象尾巴，只有靠集体的智慧，集思广益，才能找到矿藏所在。"

裴荣富继承了老一辈清华学子的优良品质——行胜于言。在多年的地质工作中，他总结了一句话："没有野外就没有地质。"他坚持实践是检验真理的唯一标准，特别注重地质工作中的野外实践。他要求学生们踏踏实实跑野外，认认真真做学问，宁可少做"曲线文章"，也要做好"野外素描"。他的学生们精心保存的野外笔记本是他最引以为豪的"作品"。

风风雨雨 70 年，裴荣富为祖国的地质勘探和矿业开发拼搏奋斗、身体力行，奔走于各大矿山的青山之间，执着于对矿产勘查和矿产开发科学方法的探索。他始终以毛泽东主席提出的"开发矿业"的号召作为自己毕生奋斗的目标，谱写出开发矿业令后人感动的篇章。

本书共分 11 章，以裴荣富的成长经历、教育背景、工作经历及其在不同阶段取得的成果为主线，以裴荣富学术成长的重要时间段为章节划分的依据。与此同时，将裴荣富的科学思想和科学方法的形成发展作为主要脉络，对他在矿产勘查和地质科学研究领域的探索过程进行了系统阐述。

第一章
家庭与童年

从山东到河北

裴荣富祖籍是山东省西部聊城东昌府于集镇裴家寨，但他生长于河北省临榆县（现秦皇岛市），这不同省份的两个地方构成了裴荣富家庭的生活轨迹。

聊城东昌府于集镇裴家寨是一个穷僻之地，人口不多，但住户中以裴姓居多，村名也因此而来。生活在此地的人们大多是地道的农民，以农作耕田为生，从事其他营生者甚少，裴荣富的家庭也不例外，裴荣富的祖辈和父辈都以农耕为生。但靠着祖父裴连众和父亲裴广济的克勤克俭、辛苦劳作，也积攒了一些家业。那时的裴家虽不富裕，但有地有屋，算是衣食无忧。裴荣富的父母结婚后，相继生下了两个男孩，这两个男孩就是裴荣富的大哥裴永才和二哥裴永华。

但是，家中人口的逐渐增加，加之年景不佳，让裴家人的生活每况愈下，为了生存，父亲裴广济不得不变卖自家耕地，养活全家。但变卖家产

图 1-1　民国时期的开滦矿务局

度日终究不是长久之计，几年后，裴广济不得不另谋出路。离开家乡投奔河北省临榆县秦皇岛镇做生意的岳父，成为裴广济当时的无奈选择。裴广济手巧，精通泥水匠的手艺，原本打算在市区中谋生，或者跟着岳父做点小生意。幸运的是，岳父在秦皇岛做商贸，并担任商会会长，人脉广泛，刚好熟稔开滦矿务局的人，于是裴广济没有带着全家继续北上，被介绍到开滦矿务局工作，谋得了一个仓库管理员的小职位。当时的开滦煤矿在秦皇岛出口煤炭时使用的工具，包括麻绳、竹筐等，裴广济就负责这些工具的质量监督和使用。

　　开滦矿务局是清末洋务运动中，北洋通商事务大臣李鸿章兴办的重要实业项目之一，原名开平矿务局，初始的体制为官督商办。1901 年转由英国商人经营，1912 年 6 月，英资"开平矿务有限公司"与"北洋滦州官矿有赕公司"签订"联合"经营合同，联合设立中外合办的"开滦矿务总局"，总部设在天津，两矿作为有限公司独立存在[①]。裴广济在开滦矿务

---

　　①　1941 年 12 月 8 日，日本发动太平洋战争当天，对开滦实行"军管"。日本投降后，国民党政府于 1945 年 11 月 19 日接收开滦，不久又交给了英国人。1948 年 12 月 12 日中国人民解放军占领唐山，唐山市军管会派军代表进驻开滦矿务总局，1952 年被收归为国有中央企业。1998 年8 月下放河北省管理。1999 年实行了国有独资公司制，更名为开滦（集团）有限责任公司。

局工作时正是英方管理的时期。

从山东到河北，裴广济夫妻二人不敢有任何懈怠，为了让两个儿子有更好的生活，夫妻二人工作勤恳、勤俭持家。裴广济因为工作出色，被提升为小工头，工作逐渐轻松，并且收入相对其他普通工人丰厚。经过两三年的努力，裴家生活日渐好转，夫妇二人用积攒下的资产购置了三间房屋，这也算是彻底地在临榆县安定了下来。当时，裴家一家住在临榆县东大街的两个院子里（现今已找不到具体地址），裴广济每月有30块大洋的收入，开滦矿务局还会定期发放燃煤和一些劳保用品，因此除去生活开销，裴家渐渐地有了一些积累。

1924年8月24日，也就是当年的农历六月二十八，继大儿裴永才和二儿裴永华之后，裴家迎来了第三个孩子，裴荣富出生了。在裴家的家谱中有"协、连、广、永、崇、希、绍、传、恒、振、兴"的规定，到了裴荣富这一辈应该是永字辈，因此裴荣富的哥哥们的名字中都有这个字，其实裴荣富原来叫裴永富，但是参加工作后习惯用"荣"，因此就改成了现在的名字。按照民间的说法，裴荣富出生当天是小龙出世。如此吉利祥和的日子，再加上生活逐渐富足，裴广济夫妇认为这个孩子的出生是个好兆头。因此，裴荣富出生后，父母异常欢喜，对他呵护有加，直到五六岁的时候还在吃母亲的奶水。裴荣富也曾回忆，他是父母最为宠爱的孩子，特别是因为在他大哥二哥之后，母亲又生过几个孩子，但是都由于生活困苦、抚养不周而夭亡了，所以母亲视裴荣富为掌上明珠。

裴广济本是农民出身，文化程度不高，从小接触的都是本分、劳苦的农民。进入开滦矿务局工作后，他会经常接触到一些光鲜亮丽的外国专家和商人。于是，他的思想发生了很大变化，看到体面的知识分子使他认识到"学问"的重要性。他开始改变自己的教育方式，从之前教育子女勤劳肯干到教育子女好好念书做学问。为了让孩子们像专家和商人一样，靠自己的"学问"创家立业，光宗耀祖，裴广济不再让裴荣富的大哥二哥在家扫院挑水干活了，而是花费大量的金钱送他们去私塾或公立学堂读书。

让裴广济欣慰的是，孩子们都很喜欢学习，而且成绩都很优秀。裴荣富的大哥裴永才在临榆读到了县立初级中学，学到了相当的知识，也明白了念书不仅是为了写信和记账，学习到知识还可以改变自己的命运。因此，裴永才不但督促大弟努力学习，同时也鼓励小弟裴荣富将来好好读书。1931年，裴荣富进入河北临榆县立小学读书。进入小学前兄长们就预先教他识字，念英文字母。在两个哥哥的影响下，年幼的裴荣富就能记诵很多新字与字母的读音，父亲还曾送他到私塾里学习了一年半，有了一定的基础。

1931年，"九一八事变"爆发，1933年1月1日，日军进攻山海关，中国军队长城抗战失利。日军越过长城，占领冀东，直逼北平、天津，华北大片地区沦陷。1933年5月30日，国民政府被迫签订了《塘沽协定》，冀东彻底变成了沦陷区，成为日本侵略者的占领地。裴荣富一家所在的秦皇岛正在沦陷区，当时驻守山海关的国军预先退守秦皇岛，并且抓老百姓挖战壕、布线，民众陷入巨大恐慌之中。战争的爆发使原本生活安稳的百姓们一夜之间流离失所，饱尝战争带来的痛苦。

在此之前，年幼的裴荣富并不懂得战争的含义，只是听到读书较多的大哥简单地讲过关于战争的事情，知道了日本侵略者要蚕食中国，直到父亲带他们全家跑到开滦矿务局的工事房去避难，他才真正地感受到战争要开始了。

1932年，裴母王氏生下了裴荣富的妹妹裴素玉。而此时裴家三个男孩都在上学，裴母还要照料刚出生的女儿，一家六口人的生存担子都压在了父亲裴广济一个人身上。

家 庭 变 故

国家遭遇战乱，百姓苦不堪言，愈加窘迫的现实接踵而至。战争的爆发使得开滦矿务局的收入大不如前，年逾50岁的裴广济为了一家人的生计奔波操劳，最终积劳成疾。裴广济的疾病让裴家人失去了顶梁柱，而更让他们不安的是，由于战乱，想要找到一名根治裴广济疾病的大夫难上加难。一家人只好求助于一名医术平平的西医大夫，这名大夫诊断裴广济患有水肿病，想通过放水进行治疗，但经过放水后的裴广济身体变得更加虚弱，长时间的病痛逐渐地将他折磨得体弱不堪。

裴广济生病前，裴家的经济状况虽然受到战争影响，可是全家还能勉强度日，三个孩子还能上学读书。1934 年，裴家的四个孩子中，最小的孩子才两岁，最大的也不过 20 岁，当年 8 月中旬，裴广济因积劳成疾无法医治，撒手人寰，年仅 52 岁。这对裴家来说是一个致命的打击，裴家经济状况大不如前，除去住房以外，这个饱经风霜的家庭也就没有其他资产了。兵荒马乱的年代加之丈夫的去世，张罗五口人的生活起居，让没有什么文化的裴母逐渐感到力不从心，好在裴荣富的大哥裴永才帮母亲分担了生活的重担。其实，大哥的学习成绩优异，心里也一直有继续深造的愿望，但迫于窘迫的家庭状况，无奈之下，辍学工作照顾家庭。裴荣富在1949 年的自传里提道："当年开滦矿务局对待员工还是可以的，父亲去世后，大哥就在矿务局谋了个小差，一家人还能勉强过日子。"[1] 其实，大哥的辍学养家客观上为裴荣富的继续读书提供了保障，裴母原本打算也让上小学的裴荣富辍学，去跟随舅舅做生意，但裴荣富心里执着于上学学习知识，对做生意没有任何兴趣。"姓裴的做买卖肯定赚不到钱。"[2] 裴荣富开玩笑时这样说过。

辍学养家，让裴荣富的大哥裴永才的求学梦破灭，因此他把全部希望寄托在了弟弟裴永华和裴荣富身上。因为裴永才坚持让弟弟继续读书，裴母便打消了让裴永华和裴荣富辍学的想法。供两个弟弟上学，还要为一家的生活忙碌，大哥裴永才肩上的担子很重，而不久裴家又陷入窘迫之中。为了支持两个孩子读书并维持家庭生活，裴母只能将家中的物品和房子逐一变卖，由家里生活富裕时候的 12 间房子，卖到最后只剩下几间供全家居住。后来经过数次变迁，裴家在秦皇岛已经没有祖宅。但大

---

① 中国地质科学院矿产资源研究所人事档案：1949 年裴荣富自传。现存于中国地质科学院矿产资源研究所人事处。

② 裴荣富访谈，2012 年 2 月 18 日，北京。资料存于采集工程数据库。

哥并不觉得懊恼，觉得这一切都是值得的，在他心里，两个弟弟是自己梦想的延续。

逆境求学

1935 年，裴荣富刚刚上小学四年级。这一年 12 月 9 日大、中学生数千人在共产党的领导下，在北平举行了规模盛大的抗日救国示威游行，这就是著名的"一二·九"运动，反对华北自治，反抗日本帝国主义，掀起全国抗日救国的新高潮。当时的秦皇岛已经划归冀东防共自治政府管辖，伪政府对此类消息封锁得很严，年幼的裴荣富并不了解什么是学生运动。在北平念高中的二哥回家后把北平发生的一些事情讲出来，他才知道了学生运动的消息。裴母了解情况后非常不安，她不希望自己的儿子卷入动荡混乱的社会局势中，她希望孩子们能安心学业，平安生活，于是再三叮嘱二儿子，要懂得读书机会的来之不易，珍惜生命，学会保护自己。

父亲的去世、社会的动荡、家中子女众多，导致裴家日趋窘困。小学期间，裴荣富常常因为交不起学费而深感惆怅，他曾在自传中写道："我每次都在家母面前哭喊，羞怨自己的家贫。学校先生屡次催缴学费是我当时最羞于见人的事，因此由小学到中学这个阶段束缚了我的天真，使我形成了沉默寡言的个性，正是这个原因使我养成了厌于嬉戏而埋头苦读的习惯，终日在书本上下功夫，所以考试成绩名列前茅，并且能获得学校的奖金，母亲和父兄感到很快愉。"[1]

由于学习刻苦勤奋且成绩优秀，1937 年 7 月裴荣富小学毕业后，免试直接进入河北省临榆县初级中学就读。尽管舅舅曾不止一次劝说裴荣富放弃读书，早日谋生，但裴荣富的求学之路得到了哥哥们的支持。1937 年"七七事变"后不久，华北被日本帝国主义占领，北平的学校一片混乱，

---

[1]　中国地质科学院矿产资源研究所人事档案：1949 年裴荣富自传。现存于中国地质科学院矿产资源研究所人事处。

无法正常开学，二哥本来在北平志诚中学读书，因为时局混乱和家道中落也不得不辍学。从此，大哥、二哥留在家中做事，维持全家生计，两个哥哥把自己所有的希望都寄托在裴荣富身上，希望他最少要读完中学，最好能读到大学，甚至将来去国外留学。日军占领华北地区后，秦皇岛县立中学虽然照常开学，但是初中的课程较"七七事变"前有所变动，伪教育部规定"初中以上学校将日语列为必修科"，将日文变为主科，英文变为副科，想让中国学生从感情上接受日伪统治，企图在思想意识上淡化学生的中国人意识，推行所谓的"王道主义教育"。侵略者的这些行径引起了沦陷区百姓们的恐慌，继而是厌恶。裴荣富回忆："那时候学生们的反抗情绪都很强，都说学日语就是当亡国奴，所以，我们小学生上日语课时就不好好学了。"①

当时的开滦煤矿被称为"中国第一佳矿"，该矿在国内首次使用大型机械化方式挖掘。铁路、蒸汽机车、转运港口和海运船队等都是开滦（及其前身开平）自行建造（或组建）并拥有的。裴荣富家距离开滦矿务局不远，因此他能经常接触到一些在当时比较先进的设备，如仪器、蒸汽机车等。这些先进的设备使裴荣富的好奇心与日俱增，也对外面的世界充满了向往，特别是对开矿找矿充满了好奇。但是，他没有其他出路，唯有通过读书来改变自己的命运。裴荣富对读书的信念越来越坚定，两个哥哥的辍学工作让家里生活的条件稍有好转，哥哥们也对寄托了他们全部希望的这个弟弟要求严格。

初中三年转瞬即逝。1940 年 8 月，裴荣富初中毕业，开始报考高中。二哥裴永华曾在北平读书，了解北平的教育水平远远超过一个小县城，所以他希望让弟弟裴荣富到北平读高中。报考之初，选择离家近的高中就读是裴荣富的第一想法。当时临榆县的田氏中学是当地比较好的学校。裴荣富回忆："田氏中学是有高中的，但是它是私立的。不知道是田氏的财团还是田氏的地主，在旧社会有钱就开了一个学校。我本来在秦皇岛初中毕业以后也想考这个田氏中学，可是觉得它是一个私立中学，要收费。"②

---

① 裴荣富访谈，2012 年 4 月 18 日，北京。资料存于采集工程数据库。

② 同①

考虑到田氏中学的学费高昂，裴荣富决定去考取北平的学校。裴荣富报考了北平的四中、志诚中学、汇文中学和河北省立北平中学等多所中学，考试成绩结果，所有的学校都录取了裴荣富。尽管得到了众多学校的"入场券"，但裴荣富并不能随心所欲地选择自己喜欢的学校。北平四中配有学生公寓，要求学生都要住校，这就需要很大的开销；至诚中学和汇文中学属于私立学校，收费也是较高的，而且要自己找房子住宿，开销也很大；河北省立北平中学提供宿舍，而且学校的硬件设施相对其他的学校也不差，同时收费很低。考虑到家里的现实情况，裴荣富最终选择就读河北省立北平中学。

河北省立北平中学校址在北京地安门东大街，前身为顺天高等学堂，建于清朝光绪二十八年（1902）。建校初期（1902—1907）学制四年，1907 年改为顺天高等学堂后，学制为八年：五年中学，三年高等（即大学预科）。学生毕业后，品学优良者可进入专门学堂。前五年中、西两学兼授，后三年只授西学，即外国文学、算学、博物（生物、矿物、理化）。教师都选聘学识造诣较深者，中外名流兼聘，西学多使用外文课本。教授主旨在于"开智"，为专门学堂准备生源。1914 年改名京兆公立第一中学，1928 年改名为河北省立第十七中学，1933 年改名为河北省立北平中学，1940 年改名为北京市立高级中学[①]。

1937 年 10 月，日伪政府将北平改为北京，但当时大多数中国人还称其为北平。裴荣富进入该校时刚好是河北省立北平中学改名为北京市立高级中学的时候。这所学校的功课着重于理科，包括：物理、化学、生物等，学校实验室设备完善，着重培养学生的实际操作能力。学生们大多数来自乡镇，本分踏实，都很用功。良好的教学氛围激发了刚刚来到北平的裴荣富的求知欲望。

进入河北省立北平中学，裴荣富和其他同学一样，不愿意学习日语，他们把这种方式当成抵抗日本的手段。裴荣富回忆起当年的情景笑着说：

---

① 1945 年改名为河北省立北平高级中学；1949 年改名为河北省立北京高级中学；1952 年与河北北京师范学校初中部合并，迁至鼓楼东大街；1972 年改为北京市 144 中学；1982 年与地安门中学合并，迁回现址。

图 1-2　河北省立北平中学的图书馆和篮球场

"其实现在想想，学日语不影响抗日，而且还多一门技能，但是当时都是小孩子，不知道如何表达自己的不满情绪，因此对日语课都很抵触。"[1]在裴荣富的记忆中虽然大家学习和生活在沦陷区，但是反抗情绪是非常强的，有的老师在上课之余会给学生讲述有关抗战的事情，并给学生灌输一些正确的人生观。裴荣富曾经在自传中有这样的回忆，"我在高中的第一年正是汪精卫伪国民政府在南京成立，此时期日本对中国沦陷区的态度，已不似初期占领时那样毒辣了，日本晓得统治中国需要政治的安抚工作，在北平我看见了"青天白日满地红"的旗，不过上面多加了一黄条，写着'反共救国'的字样。在高中这一年里，学校里有两位教国文的先生——王季和张继武，先生们在课堂上除教课外，时常发牢骚骂日本，讲一些非沦陷区的消息。当时我非常钦佩他们，认为他们是有血气、有胆量的人，同时更骂王揖唐[2]、王克敏[3]诸人是亡国奴，汪精卫是汉奸。先生们的讲述，使我认识得更清楚，增加了我的勇气，我希望中国抗战赶快

①　裴荣富访谈，2012 年 10 月 11 日，北京。资料存于采集工程数据库。

②　王揖唐，初名志洋，字慎吾，又名什公。1877 年 9 月 11 日出生于安徽合肥。1940 年 6月 9 日，在北京就任伪华北政务委员会委员长。见黄美真，石源华，张云等：《汪伪十汉奸》。北京：团结出版社，2010 年。

③　王克敏，字叔鲁，原籍浙江杭县（今余杭），1873 年出生于广东。1940 年 4 月 1 日任伪华北政务委员会委员长。见黄美真，石源华，张云等：《汪伪十汉奸》。北京：团结出版社，2010 年。

图 1-3　高中时期的裴荣富

胜利，把日本赶出中国，拿回我们的东北三省。"①

裴荣富身体素质很好，这受益于他对球类运动的喜好。高中期间他曾代表河北省立北平中学到省外参加过篮球比赛。但裴荣富从未因为虽然喜欢运动而影响学业，他深知读书机会来之不易。高中三年，裴荣富把所有的精力倾注于学习，这也让他获得了优异的成绩。

战乱仍在继续，1941 年，太平洋战争爆发，日本强占了开滦矿务局并且改组裁并机构与人事，对开滦实行"军管理"。1942 年，裴家再次遭遇变故，裴荣富即将高中毕业时，两个哥哥被裁而失业，这时候家里缴纳裴荣富的学费成了大问题。裴荣富的同学不甘心在日伪统辖下生活，很多都离开了学校，有的投奔了延安解放区，有的去了重庆也就是国民党统辖的地区，但是想离开这里必须有两个条件，一个是有门路，另一个是有盘缠。裴荣富一无门路、二无盘缠，又很难找到谋生的工作，难以在社会上立足，这种现实与梦想间的落差让裴荣富既迷茫又痛苦。这时候，又是两个哥哥的支持和鼓励成为裴荣富坚强的后盾，使他有了继续完成学业的信心。1943 年，在两个哥哥的鼓励和支持下，裴荣富同时报考了辅仁大学生物系、北京大学农田水利系、北京师范大学地学系。不久他就收到了来自这三所大学的录取通知，如何抉择成了裴荣富的一个幸福的烦恼，但裴荣富最终还是选择了北京师范大学地学系。裴荣富从小喜欢数理化，加之一直在开滦矿务局附近居住，无论接触的人还是见到的事物都与矿务相关，从小的耳濡目染，使他一直以来的梦想就是成为一名工程师，向往成为矿务工程人员，向往走到外面的世界寻求矿产的宝藏。可是此时的北京师范大学已不是之前的学校了。北平沦陷前，大批高等院校停办或内迁，如 1937 年 8 月北京

———————————
① 中国地质科学院矿产资源研究所人事档案：1949 年裴荣富自传。现存于中国地质科学院矿产资源研究所人事处。

大学、清华大学和天津南开大学迁往湖南，北平大学、北平师范大学等迁往陕西。沦陷后北平早已经不再是华北的文化中心，只剩下躯壳，日伪当局为了装点一下"文化中心"的门面，利用内迁院校的部分校舍开设了一些院校。如伪国立北京大学、伪国立北京师范大学等。此外北平还有私立辅仁大学，它是1925年罗马教廷天主教会创办的"公教大学"，后更名为辅仁大学，1937年北平沦陷后，该校可以不挂日本国旗，基本维持正常教学活动。辅仁大学成为在华北沦陷区内继续存在的唯一的教会学校，且被当时的重庆国民政府所承认。裴荣富当初所报考的三所高校，除了辅仁大学外，都不是原来的北京大学和北平师范大学了。

第二章
师大与清华

图 2-1　1943 年大学入学同学合影（右一裴荣富，中间幺恩禄）

师 大 岁 月

　　1943 年 8 月，逆境中的裴荣富以第一名的成绩被伪国立北京师范大学地学系录取。当时，该校地学系录取的学生有 13 人。

　　裴荣富从小喜欢运动，尤其喜欢打篮球，高中时期他曾是学校篮球队队长，经常代表学校参加篮球比赛。进入大学后裴荣富在学习之余，还组织了一个名为"中北"的篮球队，并担任队长。队中几名来自不同院系的队员除了在一起打篮球外，还经常在一起讨论时政，他们有共同的爱好和话题，这是大学期间留给裴荣富最美好的记忆。更让裴荣富感到自豪的是，他还认识了裴文中教授[1]、何作霖教授[2]等知名学者。这些教授给他留下了深刻的印象，他回忆："裴文中教授主讲古生物学，何作霖教授是搞光性矿物的，是他在我国世界知名的白云鄂博铁矿中发现了稀土矿，他给我们主讲矿物学。另外有一位林朝启教授是中国台湾大学的，曾在日本留学，他讲课讲得非常好。"在这个时期，师大的地学系没有更细的专业分组，因此当时无论是地理、气象还是地质的课程都需学习，这样的授课形式为裴荣富日后的研究奠定了一定的学科基础。在北京师范大学学习的两年中，裴荣富逐渐爱上了地学专业。

1944年，美苏在第二次世界大战中的欧洲战场反攻取得胜利，日本在太平洋的战争也转为颓势，中国作为抗日主战场受到很大影响。沦陷区物价起伏不定，人民生活日渐降低，学校也开始混乱起来。裴荣富曾回忆当时的生活状况，"我们在师大配给的混合面蒸窝头都蒸不到一起，可见混合面质量有多低了，时局也影响了大家念书的情绪。[3]"国际局势影响国内形势，国内形势又波及大学校园，此时学校的师生也变得消极起来，不再潜心研究学术，而是想方设法在学校外面兼职挣钱，在机关做职员和在中学代课者甚多，教学秩序逐渐变得混乱。虽然其间大学

----

① 裴文中，我国著名的古生物学家。1927年，毕业于北京大学地质系。1929年起主持并参与周口店的发掘和研究，是北京猿人第一个头盖骨的发现者。1935年，裴文中到巴黎大学学习史前考古学。1937年获巴黎大学自然科学博士学位，并成为法国地质学会会员。回国后继续在实业部地质调查所新生代研究室从事古人类文化和第四纪生物地层学研究工作，先后任该所技士、技正，并在北京大学、燕京大学和北京师范大学讲授史前考古学。中国科学院古脊椎动物与古人类研究所研究员。见黄汲清，何绍勋：《中国现代地质学家传》（第1卷）。长沙：湖南科学技术出版社，1990年。

② 何作霖，广东东莞人。矿物学家、岩石学家、中国岩组学的开拓者、地质教育学家、中国科学院学部委员（院士）。他发现并研究了白云鄂博铁矿中的稀土矿物，为开发中国稀土资源做出了重大贡献。他长期致力于光性矿物学的研究和教学，出版的《光性矿物学》是重要的教材。1942年暑期在北京师范大学任地质学教授，1943年转入北京大学地质系任教。见卢嘉锡、《科学家传记大辞典》编辑组编辑：《中国现代科学家传记》（第4集）。北京：科学出版社，1993年。

③ 中国地质科学院矿产资源研究所人事档案：1949年裴荣富自传。现存于中国地质科学院矿产资源研究所人事处。

图 2-2　河北长芦中学全体师生欢送裴荣富离校的纪念留影（中学代课）（前排左二为裴荣富）

换了校长，但学校混乱的局面依然没有改观。裴荣富从未有过教书的经验，但迫于家庭经济状况，1945 年他也加入了兼职大潮。裴荣富曾在北方中学、志诚中学、河北长芦中学这三所中学兼任地理课程教师。

1945 年 8 月 15 日，日本天皇正式宣布无条件投降。全中国人民为抗战胜利而欢腾，在校的学生都感到无比兴奋，大家都在盼着学校被接管，但是接管的过程却非常混乱。裴荣富在自传里面写道："大学要开始接管了，接收人员是沈廉士，他在师大讲话的时候说我们受奴化教育过深，全是伪学生，应当改进，应当从头学，还有许多压制话，同学们听到以后非常激愤，都认为好不容易回到祖国的怀抱，祖国不但不安慰还要质疑，还要管教。所以大家起哄，大骂沈廉士，结果不欢而散。一开始反对接权声势极高，但是不久，就出来一些空气，说反对接权是共产党的破坏行为。我觉得奇怪，全北平市各大学都反对接受，我当时的立场也是反对接受，我不明白这与共产党有什么关系。如此相持直至1945 年下半年，南京政府派陈雪屏到北平成立临时大学补习班，补习之后进入正式大学，陈雪屏这家伙非常会哄人，他用安抚政策，叫大家安心学习，'在补习期间仍照常念你们的课，不过毕业的时候，将中国命运看看，做一个提纲就算成了'。大家觉得这样还算满意，所以师大改为临时大学第七分班。"①

最终，伪"北京大学"和"北京师范"组成了"国立北平临时大学"补习班，裴荣富就是从临时大学第七分班结业的。清华大学和北京大学也从西南联大迁回北平。1946 年 11 月，抗战时期的国立西北师范大学迁回北平，北平师范大学在北平复校，学生被并入相关学院；临时大学结业后的学生，凡是想学习地质的可以转入复校后的清华大学或北京大学地质系。

刚刚结束抗战后的华北地区一片混乱，各团体、各党派群涌而起，师大的混乱局面让裴荣富非常郁闷，因此他希望能换个环境继续深造，于是与几个也想转学的同学一同联系了清华大学和北京大学。

当时，清华大学和北京大学与北平师范大学办学方式不同，一般不是公费的，需要自己掏钱上学，而师范大学不用掏学费。但是由于特殊的历史背景，清华大学也接受了一些公费生，裴荣富和一些从师大转过来的学生一起申请了公费。申请公费必须要证明自己的家庭情况符合公费生的条件，师范大学大部分都是穷学生，于是师范大学为裴荣富提供了一些证明。此外，学校还要求申请公费的学生们一同检举不符合公费条件的学生，但是初来清华的裴荣富并不了解其他人的情况，他回忆："我们当时也不知道怎么检举，师范大学出来的不能都说是穷人，可大部分是没有钱的，于是大家开玩笑说有孔家（孔令仁）的小姐在这里上学，也说翁家（翁文灏）的少爷在这上学。这都是表面文章，其实清华也了解师大学生的状况，因此基本上都接受了，我们还是顺利地进入了清华大学。"②

进入清华或北京大学深造，裴荣富面临的第一个困难就是生活费问题，必须要勤工俭学才能解决。此时，家中也传来好消息，大哥和二哥经同学介绍谋得了一份在东北的职业，家中生活有了保障，裴荣富心中的一块石头终于落了地，他终于可以安心地继续完成学业了。

---

① 中国地质科学院矿产资源研究所人事档案：1949 年裴荣富自传。现存于中国地质科学院矿产资源研究所人事处。

② 裴荣富访谈，2012 年 10 月 11 日，北京。资料存于采集工程数据库。

难忘的清华

　　清华大学于 1929 年成立地理学系。1933 年，地理学系易名为地学系，下设地理、地质、气象三个专业。1946 年，抗战结束后，西南联大结束，清华大学在北平原址复校，并设有文、法、理、工、农等五个学院，26 个系，其中包括地学系。地学系属于清华的理学院，下设三个组：地质组、地理组、气象组。刚刚复学的清华的本科生主要有两个来源：一是教育部规定有应试大学资格且经清华审查合格的中学毕业生；二是在其他公立或曾经立案的私立大学的本科修业满一年或两年的学生，需要有原校的修业证书及成绩单，经清华审查合格准予参加转学考试并合格才能转入清华大学就读。学生入学后，可以申请转系。关于转系，学校规定：本人申请并经原所在系的系主任核准后，方可转出该系。

　　1946 年 9 月，裴荣富正式进入清华大学继续完成学业。当时，与他一同转入清华大学同一年级的有七人，分别转入地质专业与地理系。政府每个月都给公费的学生提供生活补助，但是刚到清华大学时裴荣富的生活仍然很艰苦，他身上穿的是美国救济署给学生捐助的衣物。裴荣富回忆："那时候虽然我们是公费，每个月只给我们一袋白面，我们把白面卖掉以后就吃粗粮，多余的一些钱就用来买菜，还是挺苦的。在清华大学我上了三年多，基本上吃的都是窝窝头。美国还给我们资助，资助我们一些他们不用的衣物，我们也能分到一些外衣和鞋子，尽管清华宿舍的管理员开玩笑说这些衣物以前他们都不用，但是我们感到很知足。"[①]

　　从困苦的八年抗战中走过来的清华大学，终于在北平得以复员，校园生活变得异常丰富。各类社团和协会如雨后春笋纷纷成立。校园活动久违了，学生们都积极地热情参加。从这些团体生活中，学生们的精神得到慰藉，而且学业得到进步。据裴荣富回忆："学校里的社团一天比一天多，

---

　　① 裴荣富访谈，2012 年 10 月 11 日，北京。资料存于采集工程数据库。

体育会、壁报社、团契、读书会等纷纷成立，大家在社团里过着如家人的团聚生活，一块学习，一块玩，一块工作。"这个可以从民主墙上的许多壁报得到证明：壁报上披露出他们的工作报告、读书笔记、生活检讨以及对时局的研讨。校园出版物先后

图 2-3　清华大学铁马篮球队合影（一排左二裴荣富，二排左一马约翰教授）

有《清华周刊》《清华旬刊》《清华新闻》等，文艺团体有阳光社、新诗社、文艺社、大家唱、"新生"歌咏队、管弦乐队、军乐队、剧艺社、国剧社、中国音乐学会等，体育类社团有"铁马""金刚""黑桃"等体育会。其中，"铁马"的特长是篮球，"金刚"的特长是排球，裴荣富当时就参加了铁马篮球队，后来还担任了铁马篮球队的队长。

当时，清华大学的教学条件和师资力量都要优于其他学校，尤其地学系的教师队伍更是优秀，有很多从海外留学归来比较知名的教授。裴荣富对孟宪民[①]、冯景兰、杨遵仪、张席禔等印象深刻，他们后来都成为地质界知名的科学家。

图 2-4　孟宪民（1900—1969）

---

① 孟宪民（1900-1969），字应鳌，江苏武进人。中国矿床学家。1921 年毕业于清华大学，1924 年毕业于美国科罗拉多州立矿业学院，1927 年获美国麻省理工学院硕士学位，1955 年当选中国科学院学部委员（院士）。1963 年孟宪民的《矿床成因与找矿》一文在英文版《科学通报》上发表后，英国层控矿床学家内纳即来函表示赞赏，并希望进行学术交流与合作研究。孟宪民毕生从事矿床地质学研究，调查研究的范围遍及大半个中国，对若干重要矿山的矿区地质、矿床成因方面更有重大建树。

图 2-5　1947 年清华大学铁马体育队合影（后排右三裴荣富）

图 2-6　1947 年清华大学铁马和金刚体育队足球比赛留影（前排握球者为裴荣富）

图2-7　1946年清华大学地学系孟宪民和杨遵仪带学生赴唐山煤矿实习留影（一排中杨遵仪、二排中孟宪民、三排左四裴荣富）

　　孟宪民教授和裴荣富有很多接触和交往，毕业前夕孟宪民曾介绍裴荣富到云南个旧工作，后来还和裴荣富在地质部矿物原料研究所工作。孟宪民主要从事矿床地质研究，对有色金属、稀有金属矿床的矿物组成以及成矿理论有着独到的见解。他擅长矿物微量化学分析鉴定，对我国矿业做出了多方面的贡献：三四十年代对云南个旧锡矿的开发和东川铜矿的地质进行了研究，深入探索了云南个旧锡矿矿床成因，并指导采矿竖井的建设；参与云南东川铜矿成因的研究，对扩大矿山远景很有意义；最早在我国倡导使用微化学试验矿物鉴定法，也最早开始进行矿床同生论和层控矿床的研究与推广应用工作。孟教授在学校主讲矿物学，这正是裴荣富所学专业的主要课程。孟教授对矿床地质深入浅出的讲授方式以及他在这方面的学术成就，对裴荣富的在校学习和毕业之后的工作都有着深刻的影响。裴荣富跟随孟教授认真地学习了显微矿物研究方法，在地质部矿物原料研究所共同主持过多次学术会议，并一同开办过显微矿物分析鉴定的学习班。但是裴荣富并不盲从孟宪民教授的学术理论，对于矿床同生论，裴荣富通过

图 2-8　冯景兰（1898—1976）

在大冶的勘查实践并不认同这一学说。在"文化大革命"期间孟宪民跳楼自杀了，裴荣富每当回忆起恩师就无限惋惜，他说："利用显微镜做矿物鉴定就是他亲手教给我的，'文化大革命'期间我没有能够及时地去开解他，让我非常惋惜。"①

冯景兰②从事地质教育 40 多年，培育了很多地质人才，在两广地质、川康滇铜矿地质、豫西砂矿地质、黄河及黑龙江流域新构造运动、工程地质学等方面进行过大量开创性工作，特别对矿床共生、成矿控制及成矿规律等研究贡献尤其大。在学校，冯教授负责矿床学和野外实习，通过野外工作培养学生艰苦朴素、吃苦耐劳和不怕困难的作风。他很注重野外教学，使学生学会地质工作。他曾说过，走不了山路就别干地质。也常教导学生在思想上和工作上要能适应野外的各种环境。他非常注意体育锻炼，认为这是顺利进行野外工作的保证，希望学生也这样。裴荣富受他的影响很深，所以非常重视野外地质考察，后来他在自己带学生的时候也常常强调野外地质考察的重要性。裴荣富回忆当时野外实习的情况时说："那时候身体很好，为了追踪断层察看地质构造一口气追出十几里地。"

张席禔 1923 年毕业于北京大学地质学系，五年后获得维也纳大学博

---

① 裴荣富访谈，2012 年 10 月 11 日，北京。资料存于采集工程数据库。

② 冯景兰（1898-1976），字淮西、怀西，河南省唐河县人。地质教育家、矿床学家、地貌学家。1916 年考入北京大学预科，1918 年冯景兰考取公费赴美留学，入美国科罗拉多矿业学院学习矿山地质，1921 年毕业；同年考入美国哥伦比亚大学研究院，攻读矿床学、岩石学和地文学，1923 年获硕士学位，当年回国，从此献身于祖国的地质教育和矿产地质勘查事业。从事地质教育 50 多年，培育了几代地质人才。在两广地质、川康滇铜矿地质、豫西砂矿地质、黄河及黑龙江流域新构造运动、工程地质学等方面进行过大量开创性工作；而对矿床共生、成矿控制及成矿规律等研究上贡献尤大，提出了"封闭成矿学说"，他参与主编的《矿床学原理》是矿床学的系统专著和教科书。他是中国矿床学奠基人之一。他提出了"丹霞地貌"概念在地貌学上亦有建树。

士学位。在欧洲留学期间，专门研究古象及其咀嚼器的功能，开启了中国化石功能形态学研究之先声，在古脊椎动物肉食类和无脊椎动物化石的研究中极重视古生态学方面的特点。在清华大学任教期间主讲古脊椎动物学。

杨遵仪毕业于清华大学地学系，获得美国耶鲁大学理学博士学位。长期从事地质学，特别是地层学和古生物学的教学和科研工作，培养了一大批本科生和研究生。他是我国研究古生物门类最多的古生物学家之一，被誉为"古生物

图 2-9　张席禔（1898—1966）

活字典"，在清华大学任教期间教授古生物。给裴荣富印象最深的是杨教授启发式的教学方法和开放的教学风格。杨遵仪教授讲课从不照本宣科，都是先把一些问题和难点罗列出来，然后提供一些相关的中外文参考书，让学生们自己去学习，然后再反馈，帮助学生们用自己的观点去认识并总结古生物学的知识。杨遵仪刚从美国回来，住在清华大学配备的教授楼里，裴荣富偶尔会去他家做客。杨遵仪受国外生活的影响，家里布置得也比较新潮，他的夫人经常在家里

图 2-10　杨遵仪（1908—2009）

弹钢琴，这些东西对当时裴荣富这样的穷学生来说是从未见过的。新的教育方法、新的思想见解、新的生活方式同时冲击着裴荣富，裴荣富第一次感觉到了西方的教学模式，这也使他很崇拜杨遵仪教授。

从北京师范大学转到清华大学，裴荣富接受了更加系统的知识教育，从清华大学的成绩单上可以看到他当时所学的课程包括：矿物鉴定、地质

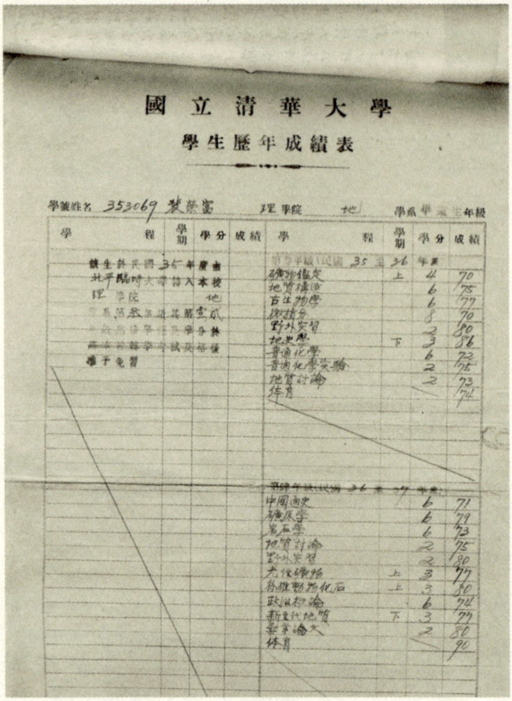

图2-11　裴荣富在清华大学的成绩单

构造、古生物学、地质史、地质讨论、矿床学、岩石学、光性矿物、脊椎动物化石、新生代地质。由于转校的原因，清华大学准许裴荣富免修一二年级的课程。

1946年，抗战结束的第二年，在重庆召开政治协商会议，国共两党双方的政治态度成为人们议论的焦点。在中学和北京师范大学时期，裴荣富对政治不感兴趣，觉得自己与这些事情无关。然而，到了清华后，他才明白不应该只顾学习，他真正地明白了国家的命运与自身的命运是紧密相连的，也明白了"国家兴亡，匹夫有责"这句话的深层内涵。在清华大学，裴荣富逐渐成熟起来，他也开始向中共党组织靠拢。赵贵三、幺恩禄、王海、高光明是与裴荣富在清华大学的同组同学，裴荣富与赵贵三最要好，因为两人有着相同的教育背景和相同的家庭状况：赵贵三本家就是秦皇岛的，自中学起，裴荣富就和他在一起学习、生活，后来又一起考入师范大学，一起转入清华大学，是多年同窗的好友，两个人的成绩在五人的地质组始终排在第一和第二名，并且经常在一起讨论时事政治。

从清华大学毕业后赵贵三被分到了南京的中央地质调查所，裴荣富经常与他联络，后来赵三贵又到内蒙古锡林郭勒盟一个地质队当总工程师。1957年，裴荣富与同子鱼、赵贵三在《地质学报》的第三期共同发表了论文《内蒙锡林郭勒盟超基性岩及铬铁矿地质》。之后赵贵三又调到黑龙江省地质局担任总工程师，为黑龙江省的矿产普查勘探做了很多工作，1987

年他对黑龙江矿产普查经验进行了总结，在《中国地质》的第四期发表了综述性的论文，对黑龙江的矿产普查工作发挥了一定的作用。但不幸是，赵贵三在60多岁时患癌症去世了。裴荣富每当回忆起当年和赵贵三在清华学习、生活、讨论时事的情景就无限感慨："如果他活着，凭借他的工作能力应该可以评上院士！"

虽然精神生活非常

图2-12 1947年冬，裴荣富与几位同学清华大学礼堂门前留影
（右一裴荣富、右二幺恩禄、右三赵贵三、左一王海、左二高光明）

充实，但在清华的生活条件依然非常艰苦，经常一个月连续吃窝窝头，更没有蔬菜，但这对于出身贫寒、从小到大生活在变故中的裴荣富来说算不了什么。他的信念更加坚定，积极地向党组织靠拢，参加学生运动，用正义的呼声与行动表达对腐化的国民政府的不满。1946年，清华师生在中共地下党的引导和影响下，为"反内战、反独裁"积极进行"第二条战线"的斗争。爱国民主运动不断高涨，一个接着一个。1947年5月20日，在北平中共地下党组织的统一领导下，清华与兄弟院校学生约7000人，举行"五二〇"反饥饿、反内战大游行，裴荣富积极参加了这些学生运动。当时，"虽然中共是地下党，但是参加中共党组织的学生活动反而是正大光明的，而那些参加国民党组织的学生的活动倒变成了地下。"裴荣富回忆时说。

初显地质天赋

由于小时候住在开滦矿务局附近，裴荣富从小接触了众多的地质工程师和地质勘查用的仪器设备，因此对于地质勘探并不陌生。高中的时候，学校引进了一些西洋的教学仪器设备，这在当时国内许多普通学校是看不到的，他非常着迷。大学期间他非常渴望像小时候看到的那些工程师和外国专家一样，能运用自己所学的知识到大山里实践一下"探寻宝藏"。

1944 年，裴荣富到北京西边的玉泉山实习。和其他同学一样，裴荣富从未实习过，只是在书本上学习过关于断层等地质构造方面的知识。但凭借对书本知识的认识理解，裴荣富在那次实习中，没有老师的指导发现了玉泉山的断层。对于这次实习他记忆犹新："玉泉山是华北平原存留的，远看是一个骆驼的样子，构造看起来很普通。经过地质勘探与调查后发现它是前寒武纪的地层，上面是不整合的寒武纪的地层，寒武纪的最底部是馒头页岩，是一种红色的页岩，顺着页岩依次排列下去，但是在玉泉山我在凹部的地方发现了馒头页岩，这就说明这有一个断层。"[①] 老师对初学地质的裴荣富发现玉泉山断层十分欣慰，裴荣富将这一发现写成了一篇论文，登在学校的板报上，这足以使裴荣富在初学地质的同学们中间变得"小有名气"。裴荣富回忆："70 多年过去了，手稿已经都没有了，可是我还是能回忆出一些相关的东西，这篇论文毕竟是我在师大那个混乱的学习环境中刚刚接触地质知识的时候做的，印象很深。"

少年时期，裴荣富看到过很多开滦矿务局的外国专家，让他始终希望有机会到外国去学习和深造。接受西方先进的教育，成为裴荣富的愿望，因此他一直认真地学习英文，不断做着准备。从高中开始，裴荣富的英文就一直很好，甚至可以轻松阅读英文文献。进入清华大学后，图书馆成了他的天堂，裴荣富更加注重对英文文献的阅读，对大量英文文献的阅读让

---

① 裴荣富访谈，2012 年 4 月 18 日，北京。资料存于采集工程数据库。

他的学术视野更加开阔了。在清华教授们都采用英文授课，所接触的教育大多为西方的教学理念和方法，因此那个时期学生们的英语水平普遍都比较高。

1948 年，裴荣富面临毕业。当时的清华大学与同时期的其他大学对毕业生的要求有所不同，毕业生需要毕业论文才能取得学士学位。裴荣富等学习地质专业的学生必须要进行实地考察，将考察结果写成毕业论文。在毕业实习中，裴荣富与同学么恩禄选择了河北省宣化的龙烟铁矿进行考察。裴荣富介绍：

图 2-13　裴荣富清华大学的学位毕业照

河北宣化的龙烟铁矿是百年的红铁矿，这种铁矿砸开以后是红色的（末）子，这个红（末）子除了能冶炼以外，还可以做染料。这个铁矿的发现者是一个瑞典人，他来到中国考察，看到我们的故宫墙壁上都染的红色，而这种红色就是由这种红（末）子调染而成的，这就说明我们这里有大量的铁矿，随后就发现了河北省宣化盛产铁矿。从前叫宣化龙烟铁矿，现在规模扩大了叫宣龙铁矿、宣龙市铁矿。我的毕业论文就是在这做的，并且是以我为主来做的。后来我到黑色金属处工作后曾经再次来到这里调查铁矿，印象很深[1]。

经过考察，裴荣富和么恩禄共同完成了毕业论文《河北宣化烟筒山铁矿地质构造》，并获得了 80 分的论文成绩。1948 年 8 月，裴荣富正式从清华大学理学院地学系毕业获得理学学士学位。

---

[1]　裴荣富访谈，2012 年 4 月 18 日，北京。资料存于采集工程数据库。

选择北平地质调查所

早在 1934 年，孟宪民曾赴云南调查个旧锡矿，并参加了中缅边界南段未定界的勘察工作。1937 年孟宪民又任行政院资源委员会锡矿工程处主任，再赴云南主持个旧锡矿的勘探和开采，他设计的两口矿井改变了土法采矿的落后面貌，使个旧成为重要锡矿基地。或许是因为这些渊源，孟宪民教授在个旧有一些关系，因此他想介绍自己欣赏的学生去那里工作。由于裴荣富学习成绩优异，并且对地质事业有着极大的热情，加之孟宪民教授对他喜爱有加，便想推荐他去云南个旧做特种矿藏工作。但是，当时正值北平被封城，眼看解放军就要解放北平，裴荣富谢绝老师的好意，继续留在北京，等待工作机会。而此时，与裴荣富同年毕业的几位同学陆续走上了工作岗位，赵贵三、高光明、王海都去了南京的中央地质调查所，幺恩禄去了本溪煤炭公司。

1949 年 1 月 31 日，人民解放军入城接管防务，至此，北平宣告和平解放了。北平解放后，清华大学地质组接管了地质调查所，地质组的助教赵心斋知道裴荣富在等待工作，并且知道他的学习成绩非常优异，志向是在地质、野外方面搞研究，所以介绍他到华北人民政府公营企业部① 北平地质调查所工作。1949 年 3 月，裴荣富进入北平地质调查所正式参加工作。初到地质调查所，按照当时的技术职称级别可分为技正、技士、技佐、实习员等级，他成为实习技术员，开始了矿山野外考察和地质矿产的研究工作。这样裴荣富成为新中国成立前全国仅有的 250 位地质人员之一。

北平解放后，北平地质调查所被华北人民政府的公营企业部接管。1950 年后，该机构更名为北京地质矿产勘探局② 。

---

① 中国地质科学院矿产资源研究所人事档案：裴荣富人事档案活页材料。现存于中国地质科学院矿产资源研究所人事处。

② 同①。

地质调查所的历史发展可以追溯到 20 世纪初，由原来的地质科[①]改组而成，最初成立于北平。1913 年，丁文江[②]从英国学成归来，担任改名之后的地质调查所所长一职，后来由于时局动荡地质调查所曾多次更名。地质调查所是最早成立的科研机构之一，是我国地质事业的基础。

图 2-14 丁文江（1887—1936）

1935 年日本开始对华北展开侵略行动，位于北平丰盛胡同的地质所被迫迁到南京，之后又在桂林、昆明、兰州等地分别建立分支机构，负责全国范围的地质、矿产、土壤等方面的调查工作。"七七事变"后，分所的工作暂停，只有南京调查所还在继续工作。当时，该所内部的机构日趋完善，科研人员的理论素养与实践也在不断充实与加强中。为了安全起见，地质所又跟随当时的政府迁至四川北碚。1941 年为了与四川省地质调查所有所区别，又一次更名为中央地质调查所[③]。

抗日战争胜利之后，中央地质调查所又迁回了南京。中华人民共和国成立前夕，隶属于国民党政府的地质研究机构的工作人员仍然坚守岗位，新中国成立之后，这些人也都被留下来继续开展新的工作。到 1950 年 4 月，中共中央人民政府已经接管和重组建设了 15 个地质调查所和研究所，职工约为 800 人。同年 8 月，中共中央决定成立中国地质工作计划指导委员会，任命李四光为主任委员，尹赞勋、谢家荣为副主任委员，统一领导新中国的地质工作。新建立的委员会对全国地质机构实行了大调整——陆续

---

① 辛亥革命后，孙中山组织的南京临时政府在实业部下设立了地质科。章鸿钊主持地质科的日常业务，他建议成立地质科学研究与教育机构。

② 丁文江（1887-1936），字在君，江苏泰兴人。地质学家、地质教育家，中国地质事业最重要的创始人。创办了中国第一个地质机构——中国地质调查所，领导了中国早期地质调查与科学研究工作（丁琴海：《丁文江》。石家庄：河北教育出版社，2001 年）。

③ 《当代中国的地质事业》编辑委员会编：《当代中国的地质事业》。北京：当代中国出版社；香港：祖国出版社，2009 年。

地将地调所和原中央研究院地质研究所等机构撤销。但也出现一些单位门前"经济部中央地质调查所"的牌子没有摘掉的，一直挂到了1951年初[1]。

图2-15　翁文灏（1889—1971）

在地质调查所成立的初期，丁文江和翁文灏[2]都十分重视矿产资源的调查。丁文江1913年回国后到云南东部进行地质调查，1914年再度入滇进行个旧的锡矿与东川铜矿的研究。翁文灏在1920年前后发表了《中国矿产志略》《中国矿床区域论》《中国矿床生成之时代》等著作，总结和分析了中国金属矿床和非金属矿床的成因类型与分布规律。有如此专业的领头人，地质调查所自建立以来结合地质填图，同时进行矿产调查，对许多重要的矿山都进行了详细的调查研究。其中对煤田和铁矿的调查居多，丁文江曾经先后调查过云南乌格煤矿、山东峄县中兴煤矿、热河北票煤矿、黑龙江鹤岗煤矿等。另外，调查所的王竹泉还多次调查过河北开平煤矿、安徽雷家沟煤矿、江西萍乡煤矿、湖南丰阳煤矿、江苏贾汪煤矿等。1915—1938年，王竹泉基于他所调查的煤矿，发表了《山西大同、左云、怀仁、右玉煤田地质》，开创了煤系中选取和命名标志层进行对比的方法。抗战期间，地质调查所也没有间断地质研究工作。王竹泉、王曰

---

① 程裕淇，陈梦熊主编：《前地质调查所（1916-1950）的历史回顾　历史评述与主要贡献》。北京：地质出版社，1996年，第87页。

② 翁文灏（1889—1971），字咏霓，浙江鄞县（今属宁波）人。清末留学比利时，专攻地质学，获理学博士学位，于1912年回国。民国时期著名学者，中国早期著名地质学家，对中国地质学教育、矿产开探、地震研究等多方面有杰出贡献。中国第一位地质学博士，第一位系统而科学地研究中国山脉的中国学者，燕山运动及与之有关的岩浆活动和金属矿床形成理论的首创者，开发中国第一个油田的组织领导者。他曾以名学者身份在国民政府内任职，在抗战期间主管矿务资源与生产。同时，他对中国早期文物考古工作也深有影响，主持了周口店中美考古发掘等深有影响的考古工作，一手建立了中国考古学国际合作的范式。他又在中央研究院、中央博物院、故宫博物院等许多重要文化学术机构兼任要职，参与决策了早期博物馆建设、抗战爆发后文物搬迁等许多重要工作。

伦、毕庆昌、路兆洽、边兆祥、徐铁良等地质工作人员在云南开远、宣威、嵩明、弥勒、陆良等地区开展了煤田地质的调查。这些前辈为中国的煤田地质工作做出了重要贡献，奠定了基础。

在铁矿方面，中国的东北鞍山、河北宣化（龙烟铁矿）以及长江中下游大冶铁矿等矿山都有着悠久的开采历史。有许多地质学家如谭锡畴、朱庭祜、孙健初、谢家荣、程裕淇等都对这些矿区做过调查。1924 年，瑞典籍顾问丁格兰根据他的实地调查，著有《中国铁矿志》，将中国铁矿划分为七种类型，并指出接触变质铁矿与花岗闪长岩有专属关系。谢家荣、孙健初等著《扬子江下游铁矿志》，基本总结了这个阶段对长江中下游铁矿的诸多调查工作，指出铁矿的形成主要与岩浆期后的过程有关，并划分了成矿阶段，进行较深入的矿相学研究，还指出了中国铁矿的详细分类。谢家荣在理论方面继承和发展了翁文灏关于中国成矿区域论的思想，进一步将造山、火山和成矿作用熔为一体，认为中新生代是中国东部最重要的成矿时期。20 世纪 30 年代和 40 年代主要调查的铁矿区有：广东紫金、云浮铁矿、湖南宁乡铁矿、云南西门铁矿、云南昆阳铁矿等，最为重要的是发现了西南攀枝花铁矿。

在有色金属方面，主要集中在江西、湘西黔东、湖南、云南个旧、东川等地。

在非金属矿床方面，主要开展了磷矿地质调查工作。20 世纪 20 年代，刘季辰等对江苏海州沉积变质磷矿进行过研究。1939 年，程裕淇、黄汉秋在云南昆阳发现寒武系底部中的沉积林矿床含氧化磷达 30% 以上，后来王曰伦、王竹泉、何春荪等都对磷矿进行了比较详细的调查研究[①]。

1949 年 10 月 1 日，中华人民共和国成立。裴荣富成为毕业于新中国成立前在中国共产党领导下第一批参加地质工作的青年科技人员。

---

① 程裕淇，陈梦熊主编：《前地质调查所（1916–1950）的历史回顾　历史评述与主要贡献》。北京：地质出版社，1996 年，第 10 页。

第三章
野外勘探的磨炼

大同煤田区域地质调查

　　新中国成立初期，国家要开展工业生产，但是没有必备的矿产资源，于是在全国范围内开展了普查勘探矿产资源的工作。裴荣富也积极加入到普查勘探的行列之中，这是他参加工作以来参与的第一个勘探任务。初入社会的裴荣富，信心满满，工作热情很高，但是他还没有实际的勘探经验，没有真正系统地进行过野外地质勘探。经过初期培训后，裴荣富得到了一次珍贵的野外地质调查的机会——组织安排他和留用的日本专家森田日子次一同到山西大同进行为期一年的考察。

　　森田日子次是地质专家，曾在我国山西、山东、蒙疆（指现在的内蒙古中部）大部分地区做过地质调查。他对煤矿、铁矿、菱镁矿等都非常熟悉，对于煤田地质的研究也有过一些成果，总结出对煤田地质理论性的见解。现今在全国地质资料馆中查到的由森田日子次主要负责并调查的山西大同一个地区的煤田地质报告就有八份，其中《山西大同煤田之研究》的摘要中有这样的记载：大同煤田的地层分类，前有王竹泉、门仓三能两人的概略区分，其后植田俊雄及森田日子次将其修正。1945年森田日子次对大同煤田重新做了调查，区内出露的地层有：五台系、馒头统、口泉统、朔县统、本溪统、太原统、山西统、怀仁统、大同统、云岗统、浑源统、左云统、洪积期、冲积期。森田日子次对各统的岩性组合、岩性变化、含煤现状进行了调查论述。可以看出，森田日子次对大同地区的地质情况是非常熟悉和了解的。

裴荣富并没有因为森田日子次是日本人而另眼相看，相反地，他十分敬重这位日本地质专家，虚心向他学习。据裴荣富回忆，这位日本专家在中国已经生活了多年，生活习惯和我们基本上没什么差别，而且野外地质考察本来就是很艰苦的，所以大家都是吃住在一处。另外他能少量地说一些中文，所以沟通基本上没有障碍，但是当大家讨论专业问题的时候都是用英语来沟通。裴荣富在北京师范大学和清华大学学习期间，无论是专业知识还是外语都掌握得非常好，所以这也为他更多地向外籍专家学习准备了良好的条件。在山西大同考察的时候没有车，只能租用驴车来运东西和代步。年轻的裴荣富经常是把驴让给森田日子次骑，自己牵着驴走，一走就是几十里。

地质考察最重要的一项工作也是最为基础性的工作就是区域地质调查，这项工作几乎涵盖了地质学的各个领域。区域地质调查不仅运用地质科学理论和技术对一定区域内的地层、岩石、构造、岩体、矿化等各种地质体和地质现象进行比较系统的观察研究，还要阐述区域内各地质体的基本特征和相互关系，按照地质制图学原理分成1：100万、1：20万、1：5万三种区域地质图。与此同时，对区域内的重点矿物分布以及地球化学、地球物理场进行调查，圈出成矿远景区带，普查找矿有利地段，编制区域矿产图。

此次对大同的调查就是从区域地质调查和地质填图开始的。例如，到了某个区域要先做大比例的填图，首先要先找到要素层，地质术语称为"key bed"，找到一个要素层才能有效地开始这一幅图的填图工作，找不到这个要素层就是盲目地做工作。要素层在区域里是非常显著的，它一旦发生变化就会有断层，只有找到了要素层才能知道其他各种地质的构造。但是，要素层并不是那么容易就能找到的，有时候需要花费十天二十天的时间才能找到，有时为了追一个要素层要一口气跑出去几十里地。裴荣富跟随森田日子次主要就是为了学习如何寻找要素层，填制大比例尺的区域地质调查图。裴荣富与森田日子次的交流非常顺利，二人的合作也很默契。

与森田日子次在山西大同进行勘测的这一年里，他们共同做出了比例尺为 1∶20 万的地质填图。另外，在森田日子次的指导下，裴荣富和刘俨然（当时一同去大同煤田调查的实习人员）共同完成了 1∶10 万怀仁幅的地质填图。这是裴荣富参加工作后完成的第一幅区域地质图。这些成果为 20 世纪 50—80 年代我国开展的全国范围中比例尺地质填图工作奠定了基础。

在大同的地质考察只有一年的时间，也就是在这短短的一年里，裴荣富跟随专家系统学习和参与了野外地质调查的各项工作，增长了实践经验和技能，锻炼成一名真正的地质技术人员，具备了独立完成区域地质调查研究工作的能力。

东北地质队　全国有色金属勘查

1950 年政务院财政经济委员会计划局主持召开了小型的地质会议，制订了当年的年度计划，目的是合理发挥各地区地质队的工作潜力，安排东北、华北、华东、中南、西北、西南等六个地区的地质矿产调查任务。会议动员了几乎全国的地质学家，还召集了一部分测绘人员参加此次矿产调查任务。这是地质工作在新中国成立后第一次大规模有组织的行动。

在此次要调查研究的地区中东北地区的规模最大，参加的地质学家有近百人，不仅包括东北本地的地质人员，还有来自南京、北京、安徽马鞍山等地的矿务局的工作人员。裴荣富曾有如下回忆：

新中国成立初期，我们国家需要大量的矿产资源，矿产资源最多的是中国的东北。那时候，许多日本专家在东北已经做了大量的工作，如日本重要的矿床学家加藤武夫、矢仓正夫。其中矢仓正夫管理解放前东北所有的黑色、有色矿产。那时候我们需要赶紧掌握这些矿，于是便组织国内重要的地质人员来做这件事。在东北的地质调查以南京地质调查研究所的程裕淇为首，另外还有中央地质调查研究院的，这些人在1950年就组成了一个东北地质调查研究队。这个队伍是在党的领导下，以程裕淇为首的。队里也有很多的青年技术人员，我那时候年轻，就被派到这个队伍里来了[①]。

参加工作一年的裴荣富已经积累了较为丰富的理论和实践经验，在1950年5月正式加入了东北地质调查队，跟随程裕淇及宋叔和等专家在辽宁鞍山地区和凤城、丹东一带开展铁矿和有色金属矿产普查和评价工作。

图 3-1　东北区地质矿产调查队野外归来合影（三排右十一裴荣富）

①　裴荣富访谈，2012 年 4 月 18 日，北京。资料存于采集工程数据库。

图 3-2　程裕淇（1912—2002）

图 3-3　宋叔和（1915—2008）

程裕淇[①]是我国著名的地质学家，特别是在前寒武纪地质研究方面取得了诸多成就，多次总结出全国铁矿的类型及其找矿方向，提出"铁矿类型组""铁矿成矿系列"及"矿床成矿系列"等概念，有力地推动了全国铁矿相关的科研工作，促成了铁矿的相继发现和规模化开采，对中国矿床的成矿规律及有关矿产预测等方面的工作发挥了重要作用。在东北地质队调查期间，裴荣富认真地向程裕淇学习做填图工作。程裕淇的填图工作是基于对地质点研究开始的，让裴荣富至今印象深刻的就是如何画出"露头"。他介绍：

我们要做一幅图，要画"露头"一定是要到野外工作的，从一座山走到另一座山，甚至如果我们发现这个"露头"不连续了，我们还要做地质点，做槽井探等工作。我把之前跟随日本专家学的技术都用上了[②]。

宋叔和，地质学家、矿床地质学家。早期致力于地质、矿产，特别是金属矿床的调查研究。1980 年当选为中国科学院地学部委员（院士），他主编的《中国

---

① 程裕淇（1912-2002），浙江嘉善人。1933 年毕业于清华大学，1935 年在英国利物浦大学主攻变质岩石学，1938 年获得哲学博士学位。1951-1953 年在原中国科学院地质研究所任副所长。我国现代地质科学的开拓者之一，在矿产地质与成矿学、变质岩及混合研究、前寒武纪地质等领域，以及地球科学的学科发展、科学技术的规划管理、国际学术交流方面做出了重要贡献。1955 年当选为中国科学院学部委员。1995 年获首届李四光科学特别奖，1998 年获何梁何利科技进步奖以及其他部级奖励。曾任中国地质科学院名誉院长、研究员。

② 裴荣富访谈，2012 年 4 月 18 日，北京。资料存于采集工程数据库。

图 3-4　1950 年东北地质调查队青城子铅锌矿调查分队留影［后排左一裴荣富，
前排左一王若华，左二宋叔和（领队）］

图 3-5　1950 年参加东北地质调查队青城子铅锌矿调查的队友留影（前排右一宋叔和，
后排左三裴荣富）

矿床》专著，对推动我国矿床地质学的研究贡献卓著。他从事地质高等教育，为国家培养了一批高层次人才。在东北地质调查期间裴荣富跟随他在青城子调查铅锌矿，曾经为解决沈阳冶炼厂资源不足的问题做出了贡献。此后他们在丹东调查了结梨树铜矿，由于抗美援朝的原因，这项工作做了一半就停止了，为了研究人员的安全，所有东北地质调查队的成员都返回了原来的岗位。但是这次丹东的调查给了裴荣富很大的启示，当时在朝鲜发现了检德式铅锌矿，这个矿是世界喷流的超大矿，裴荣富想是否也能在丹东的结梨树铜矿附近发现类检德式铅锌矿呢？后来，他终于有机会在华北地台研究中对这个想法进行了探究。

在这些著名专家的带领下，裴荣富对金属矿的勘查有了深入的了解，他不遗余力地向专家学习，迅速地成长为一名有经验、有素质的地质技术人员。此次对东北地区的地质调查工作，主要是对十几个煤矿和有色金属矿区做详细的勘查，为鞍山、本溪等地区的矿山恢复和进一步发展提供了大量的地质资料。在随后一年的调查中，程裕淇对鞍山、本溪地区的铁矿进行勘查并提交了详细的地质报告，阐明了中国古老变质岩系中已知最大富铁矿床的地质特征和矿床成因，并指出了扩大富矿的有利地段。

山西五台山区域地质调查

结束了东北地质队的工作，1951 年，裴荣富又跟随王曰伦[①]到山西五台山参加区调工作。王曰伦研究的领域十分广泛，对区域地质、矿床地

---

① 王曰伦（1903-1981），字叙五，山东泰安人。中国地质学家，中国科学院地质部学部委员（院士）。1927 年毕业于山西大学工学院采矿科，曾任中央地质调查所西北分所所长。新中国成立后，历任北京地质调查所工程师。1951 年同贾兰坡一起在北京周口店山顶洞、龙骨山及西山各处发现两个冰期及间冰期，说明第四纪冰期与猿人化石及间冰期的统一关系，首次提出我国南方"震旦"位于北方"震旦"之上的观点。他长期从事找矿工作及矿床学、地层构造学的研究，通过大量的考察实践认为，矿床主要是火山沉积成因与地层同生，有一定的层位，找矿要注意层位。这一理论的提出，开阔了找矿的眼界，活跃了矿床理论的研究。

质、地层古生物、石油地质、煤田地质、第四纪地质等基础理论学科都有着独到见解，尤其是对前寒武纪地质的研究造诣颇深。裴荣富对王曰伦的野外勘探技术很佩服，在五台山的地质调查中，他们对铁矿，同时也对地质有了很多新的认识，修正补充了维理斯等人对五台山地质研究的成果，重新建立了地层系统[①]。

图 3-6　王曰伦（1903—1981）

维理斯（Baily Willis）及布拉克威尔德（Blaekwelder）在 1903—1904 年对中国寒武纪地层做过调查工作，其中包括五台山地质研究的一部分。维氏把泰山杂岩称泰山纪，地层的时代最老，属于太古界；五台山的变质岩层称五台纪，时代次老；变质较浅的岩层称"滹沱纪"，时代较新；古生界下部含化石的地层称"震旦纪"。比维理斯更早来中国的李希霍芬（1870）原用这个名词代表上起寒武纪—奥陶纪下至结晶片岩以上的没有变质的很大的地层系统。维氏把李希霍芬下段的滹沱或南口系划出，将震旦纪限制到化石丰富的寒武纪、奥陶纪地层一段。以后葛利普[②]又把震旦纪名词拉下来，用它专门代表"滹沱纪"和南口系，即是介于五台系及寒武纪以下的一段无真正化石而变质显著或者轻微的一段地层。对于河北的滹沱冰碛矿层及灯影石灰岩，维理斯等原以为是属于寒武纪的底部，后来经证明与北方的南口系相同，于是南方也发现有震旦地层。葛氏的震旦纪定义一直沿用了很久。数十年他们的界定一直都是地层分类的依据，但 1951 年王曰伦带领的实地勘探颠覆了之前的权威界定，修正补充了前人的部分观点。针对这次的新认知，以王曰伦为领头人的地质队用集体的名义发表了论文，刊登在 1952 年《地质学报》的第四期。对裴荣富来说这是参加工作以来正式发表的论文。在五台山的地质

---

① 五台队集体：五台山五台纪地层的新见。《地质学报》，1952 年第 4 卷：第 325-328 页。
② 葛利普，美国地质学家，古生物学家。见曾少潜：《世界著名科学家简介》（增订版），北京：科学技术文献出版社，1983 年，第 368 页。

调查过程中，裴荣富和陈晋镖两个人还进行了鞍山式铁矿（相遇铁矿）的研究，这种相遇铁矿属于后成矿，在五台山调查的时候，裴荣富发现它的褶皱成团状转折出现，但是当时裴荣富的研究水平还有限，以为这种褶皱把原来很长的矿变短了，没有注意到这种褶皱里面还有可能有后成矿的现象。1995 年，他来到美国的 Homestak 金矿进行考察，发现了这种相遇式铁矿中出现的后成矿现象，因此回来后他对鞍山式铁矿进行了更加深入的研究。

东北地质调查和五台山区调工作是裴荣富正规从事区域矿产调查工作的开始，为后来能独立开展矿调奠定了重要的基础。

429 地质队　大冶铁矿普查勘探

大冶铁矿历史悠久，自三国时期（公元 226 年）开采，已有一千七百多年历史，清朝末年曾作为汉阳炼铁厂铁矿石供应基地，是中国第一家用机器开采的大型露天铁矿（包括湖北省东部大冶—程潮一带的铁矿），但在日本入侵期间遭到日本帝国主义的大量掠夺。大冶矿区共由六个大矿体

图 3-7　大冶铁矿开采的矿区

组成，自东向西依次为尖山、狮子山、象鼻山、尖林山、龙洞和铁门坎，六个矿体除龙洞矿体向南倾斜和尖林山矿体呈隐伏平卧状外，其他都向东北倾斜。现在的大冶矿区已经成为国际地质公园。

1952 年 4 月 22 日，为落实中央对地质工作的整体安排，中国科学院地质研究所（当时位于南京）副所长程裕淇带领研究所五名专家和南京地质探矿专科学校六名学生（有地质专业、物探专业、钻探专业）、一名磨片工，带着一台显微镜，同其他野外工作人员乘船到达黄石铁山。同年 5 月 1 日，由程裕淇担任队长的大冶资源勘探队在湖北黄石铁山宣告成立，副队长由同一单位行政干部戚涛担任（后来程裕淇调往北京，由戚涛担任队长）。这是我国第一支大型地质勘探队。不久，地质勘探队从东北工业部调来煤炭钻工 100 人，又接受了一支抗美援朝返国复员部队，所有的人员加起来达到一千多人。勘探队下设两个地质分队、三个物探分队、两个测量分队、四个钻探分队，另外还设有化验、磨片、修配工厂等辅助部门和单位，也是在 5 月裴荣富调入大冶资源勘探队。两个月后（1952 年 7 月），大冶资源勘探队划归中国地质工作计划指导委员会领导，由中南地质调查所代管，统一编号，改称为 429 勘探队。429 勘探队在湖北黄石、鄂城地区迅速全面地展开地质、测量、物探、分析化验、钻队、坑探、岩矿鉴定等各项找矿的勘探和资源普查工作。

1952 年对于我国的地质工作来说是最为关键的一年。这一年我国的地质工作第一次作为国民经济的组成部分纳入国家计划。8 月，中国地质工作计划指导委员会改为地质部，11 月在北京召开了全国地质工作计划会议。时任副总理的陈云在会上做了重要指示，他强调地质事业在国家经济建设中已经成为一项重要的事业，并向地质部提出，为了适应国家的新需要，要在一定时间内探明一定储量。这个国家级的地质工作计划会议将全国地质工作者的热情点燃起来，在全国范围内开始了有计划的地质勘查和开发。

裴荣富作为技术员加入程裕淇带队的 429 勘探队，与我国当时地质界众多的知名专家学者一道参加湖北大冶的勘探工作。

众多知名的专家学者参加 429 勘探队的工作，因此 429 勘探队的总体

图 3-8　湖北大冶程潮铁矿断层普查勘察工作时期同事们的合影（后排左二裴荣富）

素质在业界是首屈一指的。武衡[1] 在《科技战线五十年》中对 429 勘探队给予了高度的评价。

　　1952 年初，周恩来、陈云组织制定了《中华人民共和国发展国民经济的第一个五年计划草案（1953—1957）》，并就苏联援助问题率团访苏。根据两国政府商定，在"一五"期间，苏联共派出 3000 多名专家和顾问来华建设，援助建设项目有 156 项，被誉为著名的 156 项工程，地质工作是苏联援助的主要领域之一[2]。给裴荣富留下较深印象的是苏联专家克罗特基。1952 年 7 月，苏联专家克罗特基冒着酷暑来到大冶矿区，将苏联先进的地质勘探经验，比如勘探程序、矿量计算等教给大冶勘探队的工作人员，使

---

　　[1]　武衡（1914-1999），江苏徐州人。地质学家、科学管理学家。1934年清华大学地质系学习。早年从事抗日救亡与国防科学之宣传教育。长期从事中华人民共和国科学技术事业的领导、组织与管理，对于中国科学院若干机构的筹建、制度的建立有很大贡献。对国家海洋局的设置、南极科学考察活动的开展，发明与专利制度的实施，以及若干大型的系统工具书、丛书的编纂等更有突出的贡献。

　　[2]　朱训、陈州英：《中华人民共和国地质矿产史：1949-2000》。北京：地质出版社，第36页。

大冶铁矿的勘探工作迅速步入正轨①。

大冶矿区先后在尖林山、金山店发现了新矿藏，并在狮子山的主体矿下发现了第二层铁矿。这些发现不仅让地质工作者对大冶铁矿有了新认知，同时也提高了他们的理论和技术水平。裴荣富通过前期亲身的勘探实践已经逐渐成熟并对野外勘查有了系统的认识，在此次勘探过程中承担并主持了一些工

图 3-9　1953 年裴荣富在 429 勘探队大冶铁矿负责钻机岩心编录，走向机台途中

作，重点进行了铁山矿区和程潮地区的勘查和研究。据裴荣富回忆：他们在铁山矿区的工作主要是勘查，共有 30 多台钻机，他一个人连续看三台钻机，经常半夜起来到矿山，打出岩芯以后马上排列记录好，普查、详查工作要达到满足矿山建设要求的程度。

普查和详查是矿产勘查工作中的两个重要阶段。普查是对可供普查的矿化潜力较大地区、物化探异常区采用露头检查、地质填图、有限的取样工程及物化探方法开展综合找矿，最终做出是否有进一步详查价值的结论。

详查是对普查圈出的详查区，采用大比例尺地质填图及综合方法和手段开展勘查工作，进行比普查更缜密的系统取样，基本查明矿床地质、构造和矿床开采技术条件等，在详查所获信息的基础上开展概略研究，作出是否具有工业价值的评价，为矿山建设总体规划提供依据。

后来他们还发现了西延的锌矿体。经过两年的工作，429 勘探队终于完成了从一般的普查勘探到详查等满足矿山建设要求的所有工作，并集体

————————

① 参见 1954 年 4 月 3 日人民日报《大冶铁矿勘探工作胜利完成——苏联伟大的援助加速了勘探工作的进行》。

提交了《湖北大冶铁矿地质勘探报告》。在这份报告中，裴荣富主要负责有关地质部分的撰写，总结了未来接触构造控制矿卡对称分带的意见，这些意见对之后寻找盲矿具有一定的预见作用。

完成了铁山的工作后，裴荣富又被调到程潮地区进行勘查。在程潮进行勘查的人员中，大部分都是刚刚参加工作的年轻地质队员，裴荣富属于比较有工作经验的，因此这次他全面负责了整个项目的工作。程潮的地质勘查没有像对铁山那样进行详细的勘查，完成普查工作后，最终提交了《湖北大冶程潮铁矿地质勘探报告》，报告中详细给出了该矿区的评价并提出开发建设的可行性建议。《湖北大冶铁矿地质勘探报告（第五篇）程潮》[①] 中对矿区的评价为："本区铁矿为储量相当巨大、品位变化均匀的优质矿床。"

鉴于此次的勘探工作，429 队在 1957 年的《地质学报》第二期以集体的名义发表了《论大冶式铁矿》的论文，文中详细说明了大冶铁矿的四个产状特征：①产生于接触带内，即产生在侵入体与围岩构成的复杂接触带内，或距侵入体不超过 300 米的围岩中。②产于脆弱带内，即侵入体与围岩的接触带是该区铁矿产出的主要地质位置，同时，成矿前的褶皱部及断裂破碎带也是矿液的良好通路。③多产于钙质沉积岩系中，即大冶式铁矿的优越成矿岩性条件——未钙质的沉积地层，以石灰岩（大冶石灰岩）生成高品位的铁、铜、钴综合矿床为该区主要的矿床。④矽卡岩化作用及热液蚀变现象，即该区铁矿床产出的地方，围岩的矽卡岩化受挥发性流体及热液的浸透，发生显著的矽卡岩化作用和热液蚀变现象。当矽卡岩出露地表为带状，则表明为尾矿；当矽卡岩呈零星分布，则为大矿的标志。围岩蚀变深，则矿体大；围岩蚀变浅，则矿体小。

历时两年的勘探工作，不仅为今日大冶式铁矿找矿提供了地质上有利的标志，而且对建设武汉钢铁公司也贡献了科研力量。在勘探工作过程中，苏联对我国地质工作的帮助也有目共睹。

对于当时刚成立的新中国而言，苏联在地质方面的理论与实践都可以

---

① 程潮，位于湖北省东部的鄂州，长江中游南岸。程潮铁矿于 1958 年 9 月动工兴建，1969 年 11 月建成投产。

说是略胜一筹，他们掌握当时先进的地质科学理论和前沿技术，帮助大冶铁矿地质勘探队解决了许多关键性的问题。例如，刚开始勘探的第一年，地质工作人员对铁山矿藏类型的认识不够完整，勘探工作有疏漏，若不及时解决不仅为勘探工作带来影响，还给后来的开采带来麻烦。苏联专家米德耶夫等人来到铁山后，针对发现的问题提出合理有效的解决办法，免除了工作疏漏带来的困难。

专家们不仅能解决问题，还能提供行之有效的勘探方法，大大推进了工作的进程。1953年下半年到1954年前三个月里，各个钻探队在钢砂钻进的基础上推行了苏联先进的"一次投砂法"和"泥浆作业法"，这使得钻进效率比之前提高了半倍到一倍，岩芯采取率提高了一倍半到两倍。"快速流水作业法"使化验室的工作效率提高了两倍半左右。苏联的观测点填图法解决了人力不足的问题。类似这样的工作方法还有很多，苏联的先进技术和方法在勘探队各个工作部门得到广泛的推广，有效提高了工作效率。

大冶铁矿的工程设计就是由列宁格勒矿山设计院[①]来承担的。苏联也将大量的现代化机器设备送往矿区进行援助。大冶勘探队拥有几十台能钻进300—1200米深的苏联钻机，这些钻机的工作效能远远超过当时其他资本主义国家的钻机，结合钢砂钻进法，使得在过去每天只能钻进30厘米的地方现在每天钻进3米，如此快的工作效率让地质工作人员很快发现了尖林山下巨大的矿藏。为了纪念苏联的援助，1954年4月3日的《人民日报》发表了一篇主标题为"大冶铁矿勘探工作胜利完成"、副标题为"苏联伟大的援助加速了勘探工作的进行"的长文，另外，中央新闻纪录电影制片厂拍摄了纪录片《深山探宝》。中央人民政府地质部专门为429队制作了有编号的1954年勘探大冶纪念章，并颁发给每个同志。

大冶矿区、大冶勘探队培养造就了一大批青年技术员，裴荣富在这次勘查中不仅跟随专家对铁山进行了非常详细的勘探工作，还有机会在程潮

---

① 列宁格勒矿山设计院成立于1931年，是苏联成立的第一个矿山设计机构。该院20世纪50年代曾承担我国很多矿山的设计工程，比如白云鄂博铁矿、大孤山铁矿、东鞍山铁矿、大冶铁矿等。见焦玉书，辛静茹，赵成勋：苏联列宁格勒矿山设计院访问记。《国外金属矿山》，1991年第6期，第1-8页。

图 3-10　1954 年勘探大冶纪念章

独立主持工作，对之前学到的各种知识和技能进行了系统的实践。大冶铁矿的勘查和研究为裴荣富日后的研究工作提供了非常多的实例和样本，为他后来在铁矿方面的研究奠定了基础，大冶在裴荣富的一生中写下了浓墨重彩的一笔。

304 地质队　锦屏磷矿普查勘探

1953 年 5 月 14 日我国第一个"五年计划"开始实施。"五年计划"是国家经济计划的一部分，主要是对全国重大建设项目、生产力分布和国民经济重要比例关系等作出规划，为国民经济发展远景规定目标和方向。而第一个"五年计划"的第一个任务就是要进行以重工业为主的工业化基本建设，为今日发展社会主义工业化奠定基础。于是，在这样的政策环境下，1953 年 10 月 8 日，国家给地质工作下达了任务：要探明第一个五年建设计划中黑色冶金、有色金属和煤矿等重要建设项目所需要的资源。

1954 年在湖北大冶 429 勘探队刚完成任务的裴荣富被调往江苏海州，到地质部华东地质局 304 地质勘探队参加锦屏磷矿的勘探工作，并担任

1：5000 矿区地质填图和成矿分析的任务。之前与裴荣富搭档的技术人员，在完成大冶矿区的勘探后仍旧奔赴地质前线工作，裴荣富说：

> 一部分人去搞铜矿了，有一部分人到了海南岛考察铁矿去了，有人去了福建担任总工程师一职，还有一部分人跟我去了海州，共同勘查海州锦屏磷矿[①]。

江苏海州锦屏磷矿是一种变质的磷矿，这种矿藏对我国北方农业发展有着重要作用。磷矿的地质工作开展时间较早，在 1949 年前有关地质部门就对锦屏磷矿做了一些调查研究。裴荣富所在的 304 地质队是由高瑞增、刘之远、田克强带领的，直到 1955 年 2 月结束勘查。

在海州磷矿勘探期间，苏联专家也参与其中。当时国家要求所有的工作人员都要尊重苏联专家的意见，不提相左的意见。经历了诸多一线工作的裴荣富，积累了很多实践经验，对书本上的理论知识的运用也是驾轻就熟，不再迷信什么专家与学者的言论；同时，他毕业于学风严谨、思想活跃的清华大学，在工作过程中善于提出不同意见，敢于与苏联专家讨论。他说：

> 我们应该考虑苏联专家还是很重要的，重要是重要，但我自己觉得他们虽然实践的很多，同时也是很保守的。那时候，国家让我们尊重苏联专家，他们说什么就是什么，有相反的意见不能提。我个人觉得当时国家提出要完全按着苏联专家说的去做，主观上受到他们的影响，没有根据实际情况部署工作，所以在一定程度上也耽误了我们发展的速度。比如在海州磷矿是由他们指导的，我们想挖超探，但是他们说要打井。其实挖超探是完全可以解决的，为什么要打井？于是我就跟专家辩论，可是那个时候的领导劝我要按着专家说的去做，不让我提反对意见[②]。

---

① 裴荣富访谈，2012 年 10 月 11 日，北京。资料存于采集工程数据库。
② 同①。

裴荣富认为，苏联有很多经验都是值得我们学习和借鉴的，但是不顾我们自身的具体问题，生搬硬套苏联的方法经验是不可取的，也会妨碍我国自身发展进程，于是在苏联专家撤走后，就按照我们自己的实际情况安排了工作。

海州磷矿工作结束后，刘之远、裴荣富等作为主要执笔人提交了正式的地质勘探报告，即《江苏省新海连市① 锦屏磷矿地质勘探报告》。在报告中阐明了裴荣富等人发现的海州锦屏磷矿的锰矿、磷矿层变质变形的规律；明确指出探明了磷矿石储量达 1800 万吨，同时查明了中元古界海州群含磷地层从锦屏至徐庄长达 10 千米范围内的层序分布的稳定性，并且提出了海州磷矿受混合岩化富集成矿的见解。这一勘查报告虽然只是文字的简单详述和地质图的展示，但为我国继续开展磷矿普查找矿、扩大海州式磷矿的矿石储量提供了重要的地质科学依据。

黑色金属处的短暂工作

在 1952 年和 1953 年短短的两年时间里，经 429 队和 304 队锻炼，裴荣富成功蜕变为有资历的工程师。实现了他儿时当工程师的梦想。在完成江苏海州锦屏磷矿工作后，裴荣富申请调回北京工作，1954 年 4 月，服从组织安排，到地质部矿产司黑色金属处的铁矿组工作，在前辈赵家骧② 的亲自领导下，负责审批铁、锰等矿床的勘探设计工作。

对于黑色金属工作裴荣富并不陌生，早在 1950 年，也就是裴荣富刚刚进入北京地质调查所时，和廉小胡、刘梦庚、刘兴忠一起撰写了报告《中

---

① 江苏省连云港市的旧称。

② 赵家骧（1910–1958），浙江绍兴人。高级工程师。1937 年毕业于北京大学地质系。曾任南京地质调查所调查员、重庆西南经济建设研究所助理研究员、四川地质调查所技正。后赴美国地质调查所实习一年。回国后，任资源委员会矿产测勘处工程师。新中国成立后，曾任地质部地质矿产司、全国矿产储量委员会副总工程师、总工程师、高级工程师等。有《湖南湘潭谭家山煤田地质》《安徽凤台磷矿地质》《中国磷矿略记》等论文。

国矿产资源一览——铁矿》。

刚到黑色金属处工作，连喘息的机会都没有，裴荣富就要主持当时五大钢铁基地建设的铁矿资源问题，于是他奔走于各大矿山之间进行调查。这五大钢铁基地至今对我国的工业建设有着举足轻重的作用，它们分别是河北宣龙庞家堡铁矿、四川攀枝花铁矿、海南石禄富铁矿、甘肃镜铁山铁矿、内蒙古白云鄂博铁泥稀土矿。由于这些基地在新中国成立初期发挥着巨大的作用，裴荣富现在回忆当时的工作还是很自豪的：

> 黑色金属处的工作主要是组织，当然不是我一个人，当时我是主任工程师，我来主持这个工作。这些都是为了能满足我们新中国初期钢铁工作的发展需要，而这几大矿山起到决定作用。对于宣龙铁矿，因为我在大学期间毕业论文做过有关宣龙铁矿的课题，因此印象尤为深刻[1]。

除了解决五大钢铁基地的事情，他又负责了太行山东麓铁矿的普查工作，加上前一阶段东北地质队和429队的锻炼，他几乎掌握了全国大部分矿山的铁矿资料。因此，裴荣富协助苏联的铁矿专家扎鲍罗夫斯基开展研究工作[2]，协助苏联专家共同编写了《中国铁矿类型和分布特征》[3]。这部著作以我国已勘探到的铁矿矿山为基准，分析各铁矿矿山的成矿类型及其分布特征，并以这些分析为依据将我国的铁矿矿山加以合并

---

① 裴荣富访谈，2012年4月18日，北京。资料存于采集工程数据库。

② 1955年1月，西南地质局组建531勘探队（后改称攀枝花铁矿勘探队）进入攀枝花，开始对攀枝花钒钛磁铁矿进行系统地质普查、矿床勘探工作。1955年5月，地质部外援苏联铁矿专家扎鲍罗夫斯基对攀枝花铁矿进行勘探，成为第一个对攀枝花铁矿勘探认定做出贡献的国外地质学家。初步肯定了矿区的远景评价，确定了地质勘探工作的设计，为攀枝花的地质工作打下了良好基础。他在检查指导攀枝花铁矿勘探队工作后的总结发言中说：本矿区具有工业价值；现在主要任务是确定全部矿区范围，圈定已知矿体向两头追索，了解远景；现在重要而没有解决的是矿石质量、化学分析、岩矿研究、试验室试验。他认为：本矿区储量不会低于5000万吨。

③ 中国地质科学院矿产资源研究所人事档案：申请晋升研究员个人科研工作总结。现存于中国地质科学院矿产资源研究所人事处。

图 3-11　裴荣富与妻子郭士敏在天津

同类，归纳出不同的铁矿类型，总结出不同类型的铁矿分布的特征。这部著作可以作为后来的地质技术人员找铁矿的模式，以此更高效地找到含富铁矿的矿山群。

　　事业上升时期的裴荣富也收获了爱情，1954 年 5 月，裴荣富与毕业于北京大学医学系的郭士敏登记结婚。

第四章
在地质部矿物原料研究所

1956 年之后，地质部先后建立了地质矿产、矿物原料、水文地质、工程地质、地球物理探矿和勘探技术六个研究所。矿物原料研究所 1978 年曾更名为地质部矿床地质研究所，2000 年更名为地质科学院矿产资源研究所。该所的主要任务是解决中国矿产勘查中的科学技术问题，研究重要矿床的矿物、岩石等。

1956 年 8 月，裴荣富结束了黑色金属处的工作，调入地质部矿物原料研究所。当时的所长是吴俊如，副所长是裴荣富的大学老师孟宪民。调入矿物原料研究所后，裴荣富用专业方法开展研究工作，主要的研究方向是铁矿地质和综合地质普查勘探方法。

铁矿地质研究

1958 年 9 月 10 日在北京召开了第一届矿床地质会议，会议历时 12 天。此次会议是由冶金部、中国科学院、中国地质学会、各地质院校等单位共同倡议下筹备召开的，参会代表 734 人。这次会议是我国规模最大的具有历史意义的地质工作会议，总结了从新中国成立以来在苏联帮助下执行第一个五年计划所取得的成果。很荣幸的是，裴荣富在孟宪民老师的带领下也参加了此次会议，并在会议上讨论"湖北大冶鄂城一带铁矿成矿作用与侵入作用的成因关系"。这次会议将我国的地质工作掀起了一个高潮，激发了新中国地质工作者的热情，地质界的研究工作逐渐活跃起来。裴荣富又组织了两次会议，一次是 1959 年在贵阳召开的全国第一届铅锌矿会议，另一次是 1961 年召开的南北方富铁矿会议。这几次参加和主持会议是裴荣富进入研究所以后最早的学术活动。

1959 年适逢中华人民共和国成立 10 周年，中国科学院组织编写了一套系列丛书《十年来的中国科学》（科学出版社出版）。在这套丛书里，程裕淇和裴荣富共同撰写了《地质学卷》中的一部分，即"中国的铁矿地质研究"，总结了他们在 10 年间所调查的全国范围内的铁矿类型。

自 1952 年以来，裴荣富就和大冶铁矿结缘，他很多关于铁矿方面的研究都是在对大冶铁矿的地质勘探的基础上完成的。1954 年，429 队完成对大冶的勘查并提交满足矿山初步设计的地质勘探报告。1955 年，冶金部902 队又进行了补充勘探，为矿山设计提供了全面的地质资料，经过苏联列宁格勒矿山设计院的设计，确定为大型机械化露天开采矿山。1956 年开始基建，1958 年正式投产，武钢勘探队和大冶铁矿地测科相继进行了大量的开发勘探和开采。1957 年在对勘查结果研究的基础上，黄懿、裴荣富、任冠政、刘佑馨、周维屏共同发表了论文《论大冶式铁矿》。50 年代末的很多研究资料都表明，大冶原来的勘探控制不足，要求加密网度。因此，1963 年 4 月，矿床地质研究所提出对大冶铁矿勘探类型、勘探网和勘探程度进行研究[①]。于是裴荣富又一次来到大冶，这时他已经担任了矿床地质研究所第九研究室的主任工程师，他领导第九研究室的章柏盛、劳雄、李裕伟、骆辉、胡茂贵、于恩泽一起来到大冶进行了 9 个月的地质考察，足迹遍布了大冶铁矿。在本次考察和研究中，他们首次将数学地质的方法应用在勘探工作中，进行勘探资料和开采资料的验证对比。1965 年 4 月，他

[①]　裴荣富等，湖北省大冶铁矿矿体地质特征及合理勘探控制（1963-1964）研究工作总结，档案号：37275。现存于全国地质资料馆。

们正式提交了研究报告。

通过一个阶段的铁矿地质研究，裴荣富编写了《铁矿普查勘探规范》，提出了关于富铁矿的相关性和继承性的意见，对指导我国当时的铁矿普查勘探发挥了有益的作用。后来的铁矿勘探规范都是在这个基础上发展起来的。

在铁矿地质研究的基础上，裴荣富重点进行了富铁矿的研究，他提出不同成因矿床在统一成矿作用中的集成性和不同成矿作用在各种成因类型矿床上的成矿相关性，反映了区域成矿的地质关系。1961年他发表论文《论我国富铁矿已知重要类型的成矿地质特征》，该论文对新中国成立以来的工作成果进行了初步的汇集和概括，并对今后富铁矿的研究工作和找矿方向提出了一些方法和意见。以下是他在文中提出的主要观点：

（1）富铁矿重要类型及成矿特征：内生铁矿床包括晚期岩浆类型铁矿、气成－高温热液类型、接触交代－高温热液类型（广义的矽卡岩型矿床）、中低温热液矿床；在外生铁矿方面，富铁矿以浅海相沉积型铁矿较为重要；在变质铁矿方面，富集规律涉及原始沉积型、变质热液交代型、古风化壳型、晚期热液交代型。

（2）找矿建议：我国多个类型富铁矿并存，分布规律具有一定的区域成矿连续性。找富矿时注意贫矿，因为生成地质条件一样，要加强在贫矿中找富矿；在富矿中进行评价时，加强矿石类型和质量的研究；广泛采用综合地质普查勘探方法寻找新矿源，深入分析成矿规律，选择重点地区开展大比例尺详细预测工作。

编制储量规范

矿山建设要有一定的规格要求，只有储量满足了一定的规格要求才能开始开发和建设，这就是储量规范的作用。新中国成立初期没有自己的储量规范，多数是参照苏联的方式。苏联全国储量委员会按矿种将勘探类型、储量级别和勘探工程间距三者相联系，编制了各矿种的矿床勘探规范，作为审批储量报告的依据。全国统一计算矿产是为了统一登记全国所进行的矿产地质勘查工作和掌握全国地质勘查资料，也为了制定全国统一的计算矿产储量的规程和分级标准，统一审查批准各地质勘查部门上报的矿产储量报告，帮助国家计划机关及时掌握全国各种矿产情况。1955 年 5 月 10 日经国务院批准成立了全国矿产储量委员会，主任委员为宋应，1959 年，全国储量委员会陆续制定了中国铁、铜、铝土矿等矿种的勘探规范。

20 世纪 50 年代初，铁矿的规范由裴荣富起草，起草之后，通过储量委员会的全体委员讨论和地质部的批准，正式确定下来。这部铁矿规范是提供给储量委员会编制黑色金属的铁矿储量规范，现在已经修改过多次了，直至现在储量规范还在沿用。

1962 年，裴荣富负责的勘探方法研究组在宋应的领导下协助全国储量委员会工作，开展大量的矿山开采与勘探资料对比验证研究。其中 1963 年去大冶的那次工作就是这个验证对比研究中的一例。这次的对比研究为制定《中国矿产储量规范（总则）》提供了科学依据。结合之前的验证对比结果，把原来苏联的储量分类改成了四级储量分类，即 ABCD 四个等级。裴荣富详细介绍了储量分类的制定。

我们最早期的储量法规是完全仿照苏联的，他们的储量是分为 ABC 三级，在 A 级里它又分为 A1、A2；B 级之后，C 级也分为 C1、C2，一共是五级储量。在这五个储量里，每个储量都有一定的可信度的要求，例如，在 A1 级只有 10% 的误差，好比取出了 100 吨，不能少于 90 吨；A2 级有 20% 的误差，B 级有 30% 的误差，C 级误差就大了，也就没有什么要求了。这样的规范我们是完全沿用苏联的，根据我们国家自己的多年实践，发现我们掌握得还是不好，因而我们自己又制定规范。那时候我已经进入矿产综合地质勘探方法资源研究室了，地质部和储量委员会让我来负责，组织了很多人，我们就开始关于储量的规范制定。我们不再沿用苏联的 ABC 三个等级了，制定中国自己的 ABCD 四个等级，后来又增加 E 等级，一共是五级。

综合地质普查方法的研究

解决"哪里有矿"是地质勘查工程师的首要任务，在矿产勘查实践中，需要用地质、地球物理、地球化学、遥感、探矿工程等不同的勘查技术方法来获取和发现矿床存在的相关信息、标志和现象，进而发现和勘查具有工业意义的矿床。不同的勘查技术方法各有所长和不足，只能获取某一方面的指示、指标，其成果通常具有多解性。新中国成立初期，全国很多地质研究单位应用地质理论和方法进行地质勘探工作，还很少应用地球物理、地球化学的勘探方法配合找矿。矿床地质研究所成立了一个综合地质普查勘探方法研究室，1962 年，裴荣富担任第九研究室主任工程师，与同事们一道在全国率先探索综合应用各种勘查技术方法获取多方面信息与标志，探索在具体矿产勘查实践中不同勘查技术方法的合理组合，以期经济合理和科学有效地发现、认识和评价矿床。他们在张

图 4-1　综合地质普查勘探方法研究室全体人员合影（一排右二裴荣富）

同钰①的主持下专门开展了地质普查勘探合理程序的研究，并提出利用评价勘探和工业勘探代替初勘和深勘的建议，该建议得到了时任全国矿产储量委员会主任委员宋应的赞同。

综合地质普查勘探方法在欧美国家已经广泛地应用在地质勘探中。1966年7月，裴荣富带领本研究室的人员到欧洲的瑞典、芬兰、挪威等国家进行为期两个月的金属矿床及综合勘探方法的学习和考察。瑞典和芬兰位于北欧，之所以选择去这里，主要是因为北欧地区的综合地质普查勘探方法是比较先进的。而且北欧是冰川地貌，桦树林基本上覆盖全地区，它的矿都是隐伏的。在瑞典，裴荣富一行主要考察了基鲁纳铁矿和莱斯望铅锌矿。裴荣富回忆当年到北欧考察的情况时说：

图4-2　裴荣富赴瑞典考察综合地质普查勘探方法（右二裴荣富）

---

① 张同钰（1919-1998），河北文安人。1938年加入中国共产党。曾任冀中军区南进支队团政治处主任、回民支队政委，冀鲁豫军区分区政治部副主任等职。新中国成立后，历任江西省工商厅副厅长，中南有色金属管理总局副局长，地质部计划司司长、部长助理、办公厅主任，地质部地质科学研究院党委书记、副院长，地质部副部长，地质矿产部副部长、顾问，中国地质技术经济研究会名誉会长。

图 4-3　裴荣富赴瑞典考察综合地质普查勘探方法（左三：裴荣富）

图 4-4　1966 年裴荣富与瑞典的地质学家考察瑞典莱斯望铅锌矿（左二：裴荣富）

到了那里以后，我们看到他们的地质、物探和化探是如何来做的，特别是地质和物探，他们基本上用磁、重、电这三种方法。磁有磁秤，找矿要按着一定间距的路线来做。在一条路线上先做磁，要是有磁性矿物，它就有反应了，比如底下有铁矿，它就有反应了，这是磁。重，如果有比重大的，比如铬铁矿或是其他金属矿，它也会有反应。最后是电，有硫化的矿物对电也是会有反应的，电流就会发生变化。磁、重、电三者都有反应了，就说明这一地区有矿藏，这个地段的条件就很好。但是一般的地区，没有磁但是有重，有了重又没有了电，有了电又没有了磁，这三者是互补的。地质先选择路线，再利用磁、重、电来做。人家的技术很熟练[①]。

瑞典莱斯望的铅锌矿是跟沉积岩有关的铅锌矿。回国后，裴荣富将这次考察的方法引进到国内，结合之前向苏联专家学习的经验和此次出国考察所引进的找矿方法，在我国云南金鼎发现了与沉积岩有关的铅锌矿，这个矿和瑞典莱斯望的铅锌矿类似。

北欧国家是市场经济体制，矿产勘查工作都是由各个企业独立承担，企业为了获取最大的利润，互相之间存在着激烈的竞争，因此他们的勘查技术和方法都是各自掌握、相互保密。裴荣富在考察不同的企业时，他们都要求中方的考察人员不能向竞争对手泄露自己的技术。对于这件事情，裴荣富认为，一个地区本来是一个整体，都是同一个地质背景，但是有好几个企业在这个地区做工作，却将调查研究成果相互保密，对研究整个地质背景下的成矿机制是不利的。如果用资源法，想办法让他们整合起来可能会解决这个问题。据裴荣富回忆：

"我那时候从欧洲考察回来，跟国内的人一说，大家都说社会主义多好，没有互相保密的问题。当然国家全包下来也是不对的，多干少干都一样，也不利于我们的发展。这就造成了我们找矿工作的

---

① 裴荣富访谈，2012 年 4 月 18 日，北京。资料存于采集工程数据库。

一些现象，大家积极性不高，因为归国家管，找到、找不到，跟个人没关系。但对于那些外国企业就必须找到，要是找不到，企业就没法生存。所以改革的趋势是对的，但是还得有办法将它合理地管理起来，不能像土地一样分开管理，矿是一个整体，所以要整体勘查，并且要合理勘查。"[1]

20世纪五六十年代，我国曾经在内蒙古、新疆地区开展过铬铁矿的普查，但是没有取得较好的结果，通过对芬兰铬铁矿的考察，裴荣富和他的同事有了新的认识，对于后来在中国找铜矿和铬铁矿都发挥了作用。1967年，裴荣富将从国外学习考察的综合勘探方法应用在实际工作中，他和天津地质研究所的几位研究人员一起来到云南的大红山铁矿进行地质勘查工作，主要研究其铁矿的成因，经过半年时间，就在大红山找到了铁矿。但是这项研究没有能继续下去，因为"文化大革命"已经开始了，天津的几位研究人员和当地的造反派发生了冲突，于是整个队伍中断了工作，裴荣富一直在进行的综合勘探方法的研究工作也就此中断了。

三年的干校生活

1966年"文化大革命"开始了。很多知识分子受到了严重的冲击，地质工作在"文化大革命"前的17年中已经取得了不可磨灭的业绩，所以尽管受到冲击，很多单位的研究人员依然在勉力支撑。但是由于地质工作的探索性强、周期长，不可能有立竿见影的成绩出来，于是一些工作被认为是说空话。裴荣富曾有这样的回忆："那时候的一些领导认为我们是说空话，一点也不说真话，全给我们下放了，都去接受贫下中农再教育。不光地质科学院，还包括地质部在内的机构人员也全部下放了。有些下放到

---

① 裴荣富访谈，2012年10月11日，北京。资料存于采集工程数据库。

① 裴荣富访谈，2012年10月11日，北京。资料存于采集工程数据库。

① 裴荣富访谈，2012年10月11日，北京。资料存于采集工程数据库。

黑龙江，有些下放到江西，还有些下放到四川。"本来裴荣富刚从国外考察回来，正想把先进的技术在国内的矿山进行实践，但是由于"文化大革命"的原因，这个工作没开展多久就中断了，后来第九研究室也被取消了。

"文化大革命"开始不久，地质科学院的研究人员和领导陆续被下放到"五七干校"①学习。裴荣富由于出身贫寒，也没有什么出国留学的经历，因此没有受到什么政治冲击。1969年11月，他也同样被下放到江西峡江的"五七干校"进行改造学习。在干校他经历了打地基、盖房子、种地等各种贫下中农的再教育，度过了一段较为艰苦的生活。然而，这些苦对于从艰苦的沦陷区走出来的裴荣富来说算不得什么，因此他并没有觉得非常的艰难。军代表知道他们这些人都是搞地质的，希望他们能发挥点作用，于是让帮助当地人找小煤矿。裴荣富记得当时和他一起找小煤矿的还有中国地质大学的杨起②。据裴荣富回忆，杨起在煤地质方面的研究较多，两个人出身比较相似，性格相投，有很多共同语言，于是他们两个就在一起帮助当地人找小煤矿，到现场指导如何开采。在干校期间，不仅要劳动，还要定期写教育体会。裴荣富性格比较开朗、随和，军代表认为裴荣富的教育体会写得还不错，因此在干校生活三年后，他又被批准调回了原单位。后来，裴荣富感叹道："我的一生还是比较顺利的，没什么大的风波，很多下放的干部后来就没有回来，非常可惜！"③

从"干校"回来后，裴荣富在地质总局情报研究所担任了很短一段时间的《地质科技》编辑工作，筹办了《地质学报》复刊④。然后分派到矿

---

① "五七干校"，"干校"是"干部学校"的简称。"文化大革命"时期，全国各地各部门根据毛泽东主席于1968年5月7日发出的《重要指示》而开办。

② 杨起（1919–2010），中国地质大学教授，煤地质学家。1943年毕业于西南联合大学，1946年北京大学研究生毕业，1991年当选为中国科学院学部委员（院士）。见中国科学院院士工作局：《科学的道路》（下）。上海：上海教育出版社，2005年，第1071页。

③ 裴荣富访谈，2012年4月18日，北京。资料存于采集工程数据库。

④ 《地质学报》（英文版）（*ACTA GEOLOGICA SINICA English Edition*）是中国地质学会主办的学术季刊，创办于1922年，是我国历史最悠久的科技期刊之一。该刊创办时，原名《中国地质学会志》（*Bulletin of the Geological Society of China*），以英文为主，德、法等文次之，每年一卷，刊载中国地质学会会员地质调查研究之所得及在学术年会中宣读的论文。《中国地质学会志》共出版31卷，至1952年更名为《地质学报》，由外文版改为中文版，但连续卷号并附英文目次及英文摘要，由科学出版社出版，国内外公开发行。《地质学报》1967–1971年曾停刊四年。

山暂时做些调研工作。当时，裴荣富本以为会以一名编辑的身份在编辑的岗位上度过一生，无缘于自己心仪的地质勘探事业了。但 1974 年一个让裴荣富重新走上研究岗位的机会来了，那就是援助苏丹找矿，裴荣富欣然地接受了任务。于是，1974 年 9 月他出任地质部援助苏丹铬矿勘查地质队总工程师，开始了长达四年之久的援助苏丹的工作。

第五章
援外地质工作

　　在国际舞台上，国际局势风云变幻。为了有更好的国际环境，新中国在外交上积极与各国建立了邦交关系，同时支援了很多国家。作为国家安排的援外地质专家，裴荣富先后参与了三次非常重要的地质援助工作，并发挥了重要作用。早在 1965 年，国家就安排裴荣富作为我国地质方面的专家援助巴基斯坦进行铁矿评价，他提出了重要的找矿建议：根据后积相变特征提出寻找易于冶炼的磷铁矿、赤铁矿。多年后，该国地质人员反馈，采用此方法找到了赤铁矿。1974 年 7 月，裴荣富担任勘查地质队总工程师，援助苏丹进行英格萨纳山储量勘探长达四年，勘探出百万吨铬铁矿，获得好评。1982 年，裴荣富再次受到苏丹地质矿产部邀请，对红海山区进行铁矿评价咨询储量勘探，提出该区铁矿属受变质的火山成因的区域矿床系列，为在红海山区寻找铁矿提供有益见解。裴荣富通过这些援外工作，视野更加开阔，知识更为全面，从专业上增加了这类国内稀缺矿产的勘探实践。同时，作为国家指派的专家，裴荣富从思想上加强了对地质工作的认识，增强了作为援外专家的国际使命感和责任感。这些援外经历为他赢得了声誉，为他登上世界地质舞台打下了扎实的基础。

援助巴基斯坦，推荐沉积相研究方法

20 世纪 50 年代，新中国为了打破美帝国主义对中国的封锁，积极与广大亚非国家发展友好外交。1951 年 5 月 31 日，中国和巴基斯坦正式建立外交关系。巴基斯坦是第一个宣布承认中华人民共和国的伊斯兰国家，也是第三个与中华人民共和国建立外交关系的非社会主义国家。中巴建交后，两国关系虽然在 20 世纪 50 年代起伏不定，但是两国在万隆会议期间达成了至关重要的谅解和共识。中印边界战争之后，中印关系严重恶化，中国随之调整了南亚政策，开始加强与巴基斯坦的关系，中巴关系迅速升温。中国向巴基斯坦提供了多方面的支持和援助，中巴双方开展了很多友好的合作与援助。在这种历史背景下，1965 年裴荣富被派往巴基斯坦援助他们找矿。

巴基斯坦有个铁矿名字叫羚羊石，位于拉合尔西北部，卡拉巴赫北部。这个铁矿是硅酸铁，之前曾经让加拿大方面勘探过，但是勘探后并没有提出如何利用的方案或建议，于是勘探后的铁矿没有开采。巴基斯坦特意请中国地质专家去帮助他们解决这个问题。当时中国一共派去了三位专家。一位是北京矿山开发研究总院的选冶专家张卯均[①]，一位是湖南的矿山建设设计院的采矿专家，还有一位就是裴荣富。前两位专家主要负责矿山开发、矿石冶炼等工作，裴荣富主要负责地质问题的研究，为矿山的开发建设提供参考意见。三位专家去了当地后，首先考察是否存在硅酸铁和炼焦煤，结果是有硅酸铁却没有炼焦煤，这意味着开采出的硅酸铁没有办法提炼。硅酸铁要冶炼出铁矿需要大量的炼焦煤，没有一定量的炼焦煤是不能冶炼的，这也是通常认为硅酸铁的价值不如氧化铁和碳酸铁的原因。其实，之前加拿大的专家也发现了这个问题，所以没提出开采利用的方案。在这种情况下，大家都觉得没有办法开采冶炼了。于是，其他两位

---

① 张卯均，我国选矿专家。1964-1972 年任北京矿冶研究总院副总工程师兼副院长。见韩秀华：金属矿选矿专家——张卯均。《矿冶》，1993 年第 3 期。

矿山开发和矿石冶炼的专家就向裴荣富咨询，希望他能从地质的角度提出一些可行性的解决方案。裴荣富凭借自己扎实的专业知识向巴基斯坦的研究人员指出：因为这个铁矿石是外生的沉积铁矿，因此在地质研究方面应该研究矿的沉积相，如果是硅酸相，就会出现硅酸铁；如果是氧化相，就会出现氧化铁；如果是还原相，就会出现磷铁矿。出现氧化相，就有可能可熔，就有开采和矿山建设的希望。这个研究需要大量的野外地质工作和室内的分析。本来，裴荣富想利用这种方法开展研究，但是这项工作还没有开展，巴基斯坦和印度就开始了战争，国家担心我国的研究人员受到伤害，将我方所有援助人员撤回国内。

2000 年以后商务部办学习班，很多发展中国家派人员前来学习，其中就有巴基斯坦人员。商务部请裴荣富去给他们讲课，裴荣富问巴基斯坦人员，这个卡拉巴赫铁矿是否已经开采了，有没有新的发现，结果他们告诉裴荣富，正是按照他说的那个建议进行了沉积相的研究，发现有氧化相出现，于是出现了赤铁矿，问题就迎刃而解了，裴荣富知道这个消息后非常高兴。

援助苏丹，勘探出百万吨铬铁矿

20 世纪 50—70 年代我国面临外国的军事威胁和经济封锁，承受着巨大的国际压力。此时非洲大陆的民族解放运动也进入高潮，各国奋起反抗殖民主义统治，纷纷寻求国家独立。获得独立的国家百废待兴，他们迫切需要支持，寄希望于中国。毛泽东主席指出："已经获得革命胜利的人民，应该援助正在争取解放的人民的斗争，这是我们的国际主义义务。"[1]

中国对外援助的方式主要有八种：成套项目、一般物资、技术合作、人力资源开发合作、援外医疗队、紧急人道主义援助、援外志愿者和债务

---

[1] 王成安：《中国援助非洲 50 年概述》。参见李安山：《中国非洲研究评论（2011）》。北京：北京大学出版社，2011 年。

减免。其中颇显重要的就是成套项目和技术合作两大方面，这两方面是相辅相成的。成套项目是指中国通过提供无偿援助和无息贷款等援助资金，帮助受援国建设民用领域的工程项目；中方负责项目考察、勘察、设计和施工的全部或部分过程，提供全部或部分设备、建筑材料，派遣工程技术人员组织和指导施工、安装和试生产，项目竣工后移交受援国使用。技术合作是指由中国派遣专家，对已建成成套项目的后续生产、运营或维护提供技术指导，就地培训受援国的管理和技术人员；帮助发展中国家为发展生产而进行试种、试养、试制，传授中国农业和传统手工艺技术；帮助发展中国家完成某一项专业考察、勘探、规划、研究和咨询等。

成套项目主要是为了开采并利用自然资源来发展受援国的经济，其中就有关于地质勘探方面的支援。地质勘探是通过各种手段、方法对地质进行勘查、探测，确定合适的持力层，根据持力层的地基承载力，确定基础类型，计算基础参数的调查研究活动。在矿产普查中发现有工业意义的矿床，为查明矿产的质和量以及开采利用的技术条件，提供矿山建设设计所需要的矿产储量和地质资料，对一定地区内的岩石、地层、构造、矿产、水文、地貌等地质情况进行调查研究。地质勘探工作对一个国家的重工业的发展至关重要。通过地质勘探工作，勘探出地下的丰富资源，结合先进的技术将资源开采、加工、提炼出来。非洲虽然有大量的资源，可是他们没有先进的技术，于是求助于中国。

中国对非洲的援助不止地质勘探方面，在农业、水利、铁路、医疗、教育等多方面都伸出友谊之手，与非洲国家平等相待，真诚相助。据裴荣富回忆，当年我们的队伍到达苏丹后除了地质勘探的援助，还在日常生活上对苏丹人民援助，为当地居民（格巴尼特村）打井。

根据中华人民共和国政府与当时的苏丹民主共和国政府于 1971 年 12 月 20 日签订的经济技术合作协定，1973 年 9 月，我国派遣工程技术人员与苏丹工矿部地质矿物资源局有关人员一道，在研究前人资料的基础上进行踏勘。地质总局情报地质研究所的裴荣富出任此次地质部援助苏丹铬矿勘查地质队总工程师，也是技术负责人。张欣为队长，带领地质、物探、钻探、化验、测绘、车队、医务室和炊事员等一支近百人的队伍。

图 5-1　为苏丹人民打的友谊井，村民打水的情景

1974 年 7 月 2 日，中国成套设备出口公司与苏丹工矿部地质资源局签订了《关于苏丹铬铁矿普查勘探会谈纪要》，确定本项目的任务为：

（1）对英格萨纳山超基性岩体和其中的已知铬铁矿点进行一般地质调查，并在此基础上选择有利的成矿地段，寻找地表和隐伏的铬铁矿体。

（2）对上述区段已知或新发现的铬铁矿体选择其中较有工业远景的进行勘探，并进行初期勘探，探明矿石储量。

（3）对卡拉纳哈勒超基性岩体测制 1：50000 路线地质平面图。

根据上述任务，该项目于 1974 年 7 月开始在英格萨纳山进行铬铁矿地质普查勘探[①]。裴荣富领导地质队在苏丹地区考察铬铁矿，进行了资源评价、找矿、预查、普查、详查等一系列工作，一直做到勘探，满足矿山建设设计要求。

苏丹的铬铁矿在东非大裂谷北段，裂谷带就是由基性和超基性岩发育为主的，南部除了有铬铁矿、镍矿、铜矿、铂族元素，甚至有金刚石；北

---

　　① 张欣，裴荣富：苏丹民主共和国青民罗省英格萨纳山铬铁矿地质普查勘探报告。裴荣富存有。

段是裂谷的延伸部位，因而裴荣富判断，在北段也会有很大的发现，有很大的发展前景。裴荣富带领的地质队研究的是苏丹的北段，主要是铬铁矿，这个地区的铬铁矿与在南段的性质不同，南段的铬铁矿是铲状的，而北段的是扁豆状的，规模比南段的要小，但是储量比较丰富。北带铬铁矿是超基性岩，都是从深部来的，因为裂谷带超翘深断裂才能导致深部的超基性岩上来，这样才会产生铬铁矿。但是北段的勘探难度很大，这种铬铁矿很分散，变化很大，做起来很难。

裴荣富带领这支100多人的队伍到了苏丹后，又在当地雇了100多人。他们事前就做好了区域地质的填图，一共有10台钻机在工作，从预查、普查、详查和勘探，一直到满足矿山建设的要求，最后探清了矿山的储量。裴荣富对整个勘探过程进行了详细的描述：

预查回答的是有没有矿的问题，通过做工程，就能回答有没有矿这个问题。预查后没有矿，那就不用做了；要是有矿，就继续往下做普查。普查就是看矿是否有一定规模，要是有一定规模，就继续详查。详查就是看这个矿是不是只有规模，有没有可以利用的、可

图5-2　1974年，在苏丹加姆矿山调查时的合影（一排右二：裴荣富，左二：张欣）

选的。这个矿开采出来后还要选，能选出来，就是可以利用的；要是选不出来，那就是不能利用的。就像抓一把土，里面也有铁矿，但是选不出来，这就是不能利用的。刚才说的是四个阶段的三个步骤，最后一个就是勘探了，勘探就是满足矿山建设的设计，这个时候做的设计就是详细的设计，不仅要做地质工作，还要做其他的工作，比如水文地质工作，流水的大小对矿山的危害；工程地质工作，地质是否稳定，如何开采等问题。做完勘探就要提交报告，矿山设计院根据所提交的报告来设计矿山，我们都是做到这个程度的[①]。

在双方工程技术人员的友好合作和共同努力下，为苏丹找到了储量百万吨的铬铁矿，调查并登记了铬铁矿点 147 个（其中新发现了 96 个）；计算了初期勘探的铬铁矿石储量 695138 吨，其中加姆矿区 528432 吨；对铬铁矿石中伴生的铂族元素和河谷中的铂族重砂矿物进行了初步工作。裴荣富完成了苏丹东部超基性岩浆带和英格萨纳山铬铁矿地质特征的报告（中英文），受到好评。裴荣富指出了苏丹东部超基性岩浆后位与东非大裂谷多期活动有关，以及晚期岩浆成矿的重要性。在此期间，裴荣富及其他所带领的专家们也与苏丹的技术人员进行了交流。当时中国驻苏丹大使馆的王西陶参赞来到裴荣富勘探队工作的矿点视察了工作，苏丹地质局局长尤苏里曼也来到中方的工作现场参观。

铬铁矿就是铁矿里面含有铬，利用这种铁矿炼钢，钢铁就变成了铬钢，铬钢比其他的钢要硬。裴荣富介绍，我们国家缺乏铬，在内蒙古一带量很少，新疆地区的储量也不是很大。新中国成立初期，我们国家没有办法找到铬，就进口阿尔巴尼亚的铬铁矿、苏丹的铬铁矿。

在援助苏丹期间，其实我国非常希望利用这个矿山开采出来的矿产搞建设。因为在当时，援外的约定是开采出的矿产 51% 归所属国所有，剩余的 49% 归援助国所有，这样说来，我国拥有 49% 的开采权，但是我国开采技术力量不足，设备不够先进，同时我国的对外贸易没有今天

---

① 裴荣富访谈，2012 年 9 月 25 日，北京。资料存于采集工程数据库。

图 5-3　裴荣富同苏丹地质专家合影（一排右五：裴荣富）

图 5-4　苏丹工人邀请地质队的人员参加他们的茶会留影（背景是当地原住民的草房）

图5-5　王西陶（右三）参赞来到裴荣富所在的地质队的工作矿点视察工作（左四：裴荣富，右四：张欣）

图5-6　苏丹地质局局长尤苏里曼来到中方工作现场参观（一排右二：裴荣富，一排左四：尤苏里曼，一排右四：张欣）

这样便利，开采了也无法运输回来为我国所用，所以我国的前期投入就是无偿的援助。裴荣富详细介绍了当时放弃开采的原因："一方面我们并不是搞矿山建设的，于是我们请了矿山设计院去调查，他们经过调查后说，我们的采矿技术和设备不够，如果要在那边做矿山设计，就需要进口一些外国的采矿设备，那些设备是需要用钱买的，花钱也是比较多的。第二个原因是最主要的，当时我们国家没有远航的轮船和出口重要商品的渠道，都是出口些简单的小商品，例如卫生纸、打火机等，那个时候没有出口一件像样的产品。例如日本，他们主要是出口电子产品或是汽车，再利用本国的轮船将矿产运回国为自己的国家建设所用。相比之下，我们都已经将矿勘探好了，但是因为没有足够的设备，运不回国，只能将这个计划搁置了。最后，苏丹与日本联系，将这些矿藏转手给了日本。我国的援助是无私的援助，勘探出来的矿产还是从属于他们的商品经营。那个时候我们国家的援助得到的只是好评。"[1]

在援外的这几年中，裴荣富对帮助苏丹找到存储量高的铬铁矿感到欣慰。他回忆："我是总工程师，只是单纯从技术上负责。负责对这个矿进行评价，看它是否有价值，有了价值，有了延展情况，我们再研究如何勘探，在哪里打钻；打出钻的时候，我们如何计算储量，化验它的品位，这些工作都是由我负责。"

我国对苏丹援助的投入力量是比较大的，可以说不仅授苏丹以"鱼"，还授苏丹以"渔"。裴荣富说："那时候对苏丹援助了400万（人民币），六七十年代的400万是相当多了。我们对这个援助经费的要求是：要是还得起的话，可以延期还；要是还不起的话，就不用还。我们就是用这个援助的经费来进行矿藏勘探的。"[2]

还有一件事情发生在援助苏丹期间，裴荣富永远难忘。1975年，裴荣富加入中国共产党。据裴荣富回忆[3]，他在出国前已经是重点培养对象了。在国外艰苦的环境中奋斗了三年，裴荣富作为总工程师圆满地完成了任务，取得了成绩，因此党组织经过考察，批准他加入了党组织。裴荣富还清晰地记得当时在地质队入党宣誓的情景，他的入党介绍人是宋克勤。

1978年12月，裴荣富和其他援苏人员一起返回了祖国。

---

① 裴荣富访谈，2012年9月25日，北京。资料存于采集工程数据库。

② 同①。

③ 裴荣富访谈，2012年4月18日，北京。资料存于采集工程数据库。

再援苏丹，红海山区资源量评价

　　1982年4月，裴荣富再次受聘苏丹能源矿业部担任地质咨询顾问工作，对红海山区铁矿地质工作进行咨询。1973年开始援助苏丹，裴荣富给苏丹地质人员留下了深刻的印象，而这次邀请他来是做资源评价，查看资源量。资源量不同于储量勘探，储量的可靠程度要求相对较大，最大误差在10%—20%。而资源量的误差可达50%。此次是查看资源量，还没到进行勘探的阶段，因此这次没有开展工程。裴荣富和卢惠华[①]一起在苏丹工作84天，基本做到快速、准确、简要地提出了《红海山区铁矿地质工作的技术报告》（英文版）。

　　红海山区位于撒哈拉大沙漠的南部，是个很干旱的地方。此前其他国家也在那里做过勘探，都没有什么大的发现。裴荣富和卢惠华两个人来到苏丹，在两个苏丹地质队员的协助下开始了野外考察。这次考察的环境更为艰苦，红海山区高温、干燥，蚊虫叮咬、疫情肆虐，有时候汽车在红海山区崎岖的山路上抛锚了，大家只能推着汽车走。裴荣富每次到野外考察，都要自备很多水壶，防止在高温干旱条件下身体脱水，但裴荣富不但没有觉得苦，反而觉得非常充实，兴致勃勃地带着罗盘和地图在红海山区来回跑。两名苏丹地质队员是博士，理论基础都很好，但由于苏丹未投入大量资金用于勘探工作，因而他们缺乏实践经验。但裴荣富自从毕业以后，走了很多矿山，跟随知名地质专家学习，具有非常丰富的野外实践经验，在会同这两位苏丹地质队员到红海山区实践考察中，他将自己的野外实践经验传授给他们。大家用英语交流很顺畅，工作配合非常默契。经过考察，发现红海山区是海象喷流沉积的铁矿，规模虽然小，但都是富矿。裴荣富在报告中指出："该矿区为火山岩型富铁矿，储量达1530万吨"。并建议：这样的富铁矿可以开采出来并运出来，利用苏丹港—苏伊士运河将

---

　　① 当时的北京地质局工程师，从事矿产勘察工作。

铁矿卖到欧洲去，以此换来巨大的经济效益。

　　考察结束后，苏丹能源矿业部部长接见了裴荣富，并授予援助苏丹地质队一面锦旗，另外奖励了他一件绵羊皮的衣服。但是中国的外交外事纪律比较严格，不允许我方研究人员私自带回去，裴荣富将衣服上交给大使

图 5-7　1979 年裴荣富带领苏丹地质学家在红海山区调查铁矿

图 5-8　红海山区野外勘察铁矿汽车抛锚

图 5-9　1975 年苏丹能源矿业部表彰援助苏丹地质队颁发的锦旗

馆。裴荣富笑着说："这件衣服我只带回来一半，大使馆的人说这个皮子有两个袖子和身子，可以随便挑一个，我就选择了身子。"此外，裴荣富为国家净赚 1600 余苏丹镑①。这次勘探又为中国在世界地质研究上的声誉以及裴荣富在国外的声望奠定了坚实的基础。回国后裴荣富完成《苏丹红海山区铁矿类型特征及其区域成矿分析（初稿）》的论文报告。

---

①　中国地质科学院矿产资源研究所人事档案：1982 年申请晋升研究员个人科研工作总结。现存于中国地质科学院矿产资源研究所人事处。

第六章
矿产资源合理勘查理论研究

"双控论"与"合理域"

1978年，裴荣富从苏丹回国后被任命为地质部矿床地质研究所（现中国地质科学院矿产资源研究所）领导小组成员，走上了领导岗位。1979年，他担任矿床地质研究所副所长，承担起区域成矿规律研究，同时协助所长陈毓川开展所务领导工作。

1959年，陈毓川从苏联乌克兰顿涅茨克理工大学留学回来后就在地质科学院工作。据裴荣富回忆，陈毓川参加过裴荣富主持的第一次铅锌矿床会议和第一届铁矿的会议。陈毓川主要从事矿床地质、地球化学、区域成矿规律等研究。虽然当时两人没有在一起工作，在研究中与裴荣富有过很多联系与交流，在国家"六五"科技攻关南岭项目中，陈毓川和裴荣富先后担任了项目的负责人。

20世纪80年代初，裴荣富会同地质部综合地质大队等单位近30人组成的研究队伍，历经约两年时间，首次在全国完成10个矿种、30多个矿山的固体矿产地质勘探与矿山开采工程验证对比研究。通过矿山开采工程验证对比研究，获得了大量的第一手资料，特别是有关矿床矿体变化性和合理勘探控制的科学信息。因为地质勘探虽然能发现一些矿床矿体的情况，但并不是全面的，之后经过开采，与勘查结果比对，两者会有出入。比如，经过验证，发现矿床的产状、形态、特点、成因都会有新的变化，另外，控制的程度、控制的储量的精确程度也会有变化。地质勘探经过开采、验证，就会发现有些勘查的结果不是很准确，勘查的投资量有时会过多或是过少。带着这些问题，长期从事地质勘查的裴荣富进行了思考：通过矿山开采工程验证对比研究获得的重要信息，找到一个合理的勘查方法和程序，从而使地质勘查结果与之后的开采验证出入更小，以更好地保障矿山开采的经济效益。

固体矿产普查勘探与开发的方法和程序，不仅是我国地质勘探和矿山建设中需要解决的实际问题，也是当时国外学者和矿业学家研究的课题。20世纪 50 年代末，苏联发现，传统的"初查—详查—初勘—详勘"的勘查过程普遍缺乏技术经济研究，尤其是技术经济论证不足而过早进行详勘，导致勘查工作失控，经济效果不佳。于是，他们进行了阶段程序的调整，强调技术经济研究。西方国家由私人公司对矿产资源进行勘查和开发，也没有统一的程序规定。随着投资理论和工程经济学的发展，在合理安排资源勘查和开发的程序中强调可行性研究是当时的趋势。在 20 世纪 60 年代初，我国地质部颁发的工作条例中提出，地质工作要"善于以最经济的时间和最少的工作量取得最大的成果"，也对工作程序有所规定。1978 年，国家建委颁发了矿山"基本建设程序规定"，这些规定在地质勘探和矿山开发中起到了重要的指导作用。但随着地质工作的发展，在程序的具体规定上仍存在需要探讨的问题，比如，勘探了无近期规划的呆滞矿量；对探索性强、风险性大的矿业活动规律认识不足，经常是仓促设计和施工，最后表现为矿山建设的经济效果不尽如人意。裴荣富认为，只有把勘查和开发作为统一的过程来考虑，制定完整的科学程序，才能更好地促进矿山事业的发展。

1979 年，裴荣富在这些研究的基础上，从勘探和验证开发的角度，吸收了对矿床的新认识，提出了矿产勘查的"双控论"和"合理域"的合理勘查方法及科学技术模型。

裴荣富认为，多年来国内外阶段程序的划分标准实质上是地质、技术、经济三个因素在一定时期内的合理结合。这三个因素也是矿产勘查的三原则。地质因素解答"哪里有矿"，经济因素解答"矿床是否有价值"，技术因素解答"怎样合理地开发利用"。根据以上三个因素的组合，大致可以做出四类判断：三个条件均可行，矿床具有现时经济意义；地质条件可行，技术经济条件暂不可行，矿床具有将来利用的意义；地质条件复杂，而技术经济条件可行，矿床具有边采边探的意义；三个条件均不行，矿床要被否定。

　　由此，裴荣富归纳多年综合地质普查勘探方法的研究成果，提炼出固体矿产勘查开发的理论——"双控论"和"合理域"。一方面，将地质和技术经济可行性的保证程度称为矿产勘查开发的"双控论"，即第一控是"地质的研究"，第二控是"技术经济"。另一方面，地质和技术经济的研究保证程度应根据矿床地质复杂程度和决策相对最优化准则，即在要求任务与可能地质技术经济条件的辩证关系中确定和获得两者的合理平衡范围，这个范围被称为"合理域"，可供矿产勘查开发决策参考。按照"双控论"与"合理域"综合地质普查勘探方法，当这两个条件一起满足时，才能解决矿床勘探是否合理的问题。同时，裴荣富模拟出矿产资源合理勘查开发模型。这个模型中，根据矿产普查勘探与开发过程是一个循序渐进、连续性与阶段性相统一的科学实践过程，分出预查、普查、详查和勘探几个阶段，满足矿山建设要求以后就要进行矿山建设开发，这样在合理域做工作，才能有效解决问题。

　　裴荣富在前地质部综合地质大队时，从与多人合作进行的勘探、开采的验证对比试验里提炼出该理论，并运用到第一次援助苏丹的勘探过程中。裴荣富发表了相关的论文，他的观点在很多地方被引用。裴荣富曾介绍："（该理论）在国际上（我）也早就发表了，在西南太平洋的国际会议也展示过。澳大利亚的私人企业普鲁母利（Promoli）公司引证了我的资料。"他还回忆："世界第一届和第二届应用地质学会，在爱尔兰召开大会的时候也引用了我的文章。世界工程师会议在巴西召开，曾两次引用我的文章，还曾补助我 5 万元钱让我去参加。"[①] 除了在专业领域被引用，国

---

① 裴荣富访谈，2012 年 10 月 11 日，北京。资料存于采集工程数据库。

家行政学院《贯彻科学发展观》也引用了裴荣富的文章。虽然该原理看似简单，但起到的作用是很大的，它能指导合理勘查，满足矿山建设设计的需要，真正达到找矿的重大突破。

根据"双控论"和"合理域"，裴荣富逐步发展了矿产资源合理勘查理论。

对于这项研究成果，裴荣富认为是一个集体的共同贡献。他回忆："这个综合地质普查勘探方法和'双控论'理论不是我一个人的，是我跟前地质部综合地质调查队几十个人合作一起搞出来的。"

参与起草《矿产资源法》

1978 年，党的十一届三中全会之后，全党工作从"以阶级斗争为纲"转移到"以经济建设为中心"，国民经济迅速恢复，对矿产资源的需求量快速增长，国有矿山已无法满足需要，非国有矿山像雨后春笋般出现，为矿业注入了生机活力。但是由于不同所有制的矿山争矿和抢矿事件时有发生，严峻的矿业形势迫切需要一部法律，用以维护正常的矿业秩序。

早在 1951 年，政务院公布了《中华人民共和国矿业暂行条例》，1956年国务院批转了地质部制定的《矿产资源保护试行条例》。但是矿产资源开发管理、资源综合利用、环境监测等方面的法律法规基本上是空白。

1978 年 7 月 31 日，时任国家地质总局局长孙大光正式向国务院建议国家制定《矿产资源法》，并设立统管全国矿产资源的专门机构。次年，根据孙大光部长（国家地质总局改为中华人民共和国地质部）的建议，在国家经贸委领导下，由地质部牵头，冶金、煤炭、石油、化工、建材和核工业等部门参加的《矿产资源法》起草办公室开始了工作。起草办公室搜集了十几个国家的矿业法规，对国内 30 年来有关矿产资源管理工作的经验教训及已有的法规进行了调查研究。这个来自四面八方的智囊群体中，绝大多数是各有关领域的专家。在地质部参加起草工作的有李东升、张炳熹、臧胜远、裴荣富、陈华彦、丁志忠等人。1979—1980 年 3 月，裴荣富等人参与地质部主持的《矿产资源法》起草工作，负责了地质普查勘探方法部分的编写及有关问题研究。1980 年 2 月，在单位考核的评语中，对裴荣富的这段工作有如下评价："在编写《中华人民共和国矿产资源法》中（执笔人之一），提出了矿床勘探的理论性意见，对正式定稿和颁发矿产资源法做出了较好贡献。"这部《矿产资源法（草案）》的第五稿于 1980 年 2 月完成。

提出固体矿产资源合理勘查程序

新中国成立之初，在矿产资源的勘查和开发技术方面还没有完善的管理经验，基本上是在套用苏联 20 世纪 50 年代的有关程式。早在 1927 年，苏联就颁布了《矿产勘查条例》，将勘查过程分为"普查"与"勘探"两大阶段，后来又进一步分成"初查""详查""初勘""详勘"所谓两步四段的程式。50 年代末，为了提高地质工作经济效益，一些学者曾先后就地质勘查工作和阶段划分问题进行了探讨，提出的共同问题是在以往的普查勘探阶段普遍缺乏技术、经济方面的研究，在技术经济论证不足的情况下过早投入详勘，以致勘查工作失控，经济效果不佳。为了改善这种局面，1959 年以来，我国对阶段划分做了重大调整，在阶段程序中强调技术经济研究，并且为限制盲目勘查做了硬性规定。60 年代初期，地质部颁发的工作条例就已经提出地质工作要"善于以最经济的时间和最少的工作量取得最大的成果"，这期间针对程序问题的研究已经展开。张同钰详细论述了勘探阶段的划分、阶段任务和工作方法，一些研究单位和院校也做过专门研究。

固体矿产普查勘探与开发程序不仅是地质勘探和矿山建设工作中的实际问题，也是国内外学者和矿业学家多年来不断进行探讨和研究的一项理论课题。1982 年，裴荣富与丁志忠、傅鸣珂分工合作，集体完成论文《试论固体矿产普查、勘探与开发的合理程序》，其中体现了裴荣富重要的"双控论"与"合理域"观点。该论文中提出了全面的矿产资源合理勘查程序。程序划分阶段的客观标准有三个原则要遵循：程序反映出从勘探到开发的全过程的客观规律；以地质、技术和经济三因素综合构成的阶段标准的相对性和优选性；具体矿山投资风险的经济性。根据我国在资源开发利用方面的实际情况，裴荣富提出在区域地质调查的基础上把完整的矿产资源普查勘探和开发利用的合理程序分为七个阶段，即：矿产普查阶段、矿床评价勘查阶段、矿床工业勘探阶段、可行性研究阶段、矿山设计阶段、基建施工阶段和矿山生产阶段。

　　程序的完整模式如图6-1所示，阶段界限是以最优化条件可能存在的界限带表示，各阶段理论工作年限和投资百分比是参照国内外有关资料设定的。在区域地质调查和成矿远景区划基础上，纵坐标反映等级体制成矿研究保证程度，横坐标反映技术经济条件研究保证程度，由双因素控制的一条勘查与开发程序曲线（粗线）即为矿产资源勘查开发的"双控论"曲线。图中普查勘探与开发阶段的界限带（阴影）和最优界限（实线）是反映合理勘查评价相对性和优选性的，称之为"合理域"，即在"合理域"内优选的保证程度是最经济合理的。

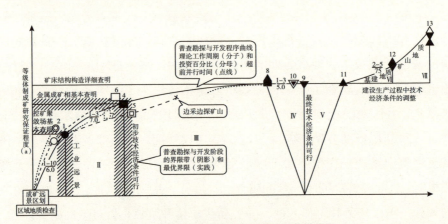

图6-1　矿产资源合理勘查程序的完整模式图

　　该论文受到时任地质矿产部副部长张同钰等人的审阅，并得到他们的好评，被认为是"地质部党组所考虑的地质工作原则的充分科学论证"，对当前地质工作分工和科学管理有一定的使用意义，并推荐此论文发表于《中国地质科学院院报》（1983年第1期）。

第七章
区域成矿规律研究及
超（特）大型矿床研究

区域成矿规律研究

20 世纪八九十年代，我国的地质工作迅猛发展。裴荣富先后在南岭、华北地块、长江中下游等重要成矿带开展区域成矿规律的研究，提出西华山－大吉山钨矿"多期成岩、共岩岩浆补余分异"的成矿观点，金属成矿省"景、场、相、床"等级体制成矿理论，"行、列、汇"构造控矿样式和"姻袭成矿""变异相矿床""衍生矿床""成矿轨迹追踪"等概念[①]。

南岭项目

新中国成立以来，地质工作者在大量实践的基础上勘查出很多矿藏，而且大多是露头矿。因为矿床露出地表的部分（也叫矿苗）是矿床存在的

---

① 裴荣富：《裴荣富文集》。北京：地质出版社，2013 年。

直接标记，所以相对容易寻找。当露头矿资源逐渐减少，就只能寻找隐藏在地表下的矿床，但找矿难度增大。如何突破这个困局，国家倡导地质工作者做基础性的研究，希望通过应用基础的找矿理论和技术方法直接指导找矿。为此，国家设立了多个科技攻关项目来支持基础研究工作，比如南岭项目。

南岭是中国南部最大山脉和重要自然地理界线。位于中国湖南省（湘）、江西省（赣）、广东省（粤）、广西壮族自治区（桂）界境。横亘在湘桂、湘粤、赣粤之间，向东延伸至闽南。南岭是条分界线，南北分得很清：岭南是粤桂，岭北是湘赣，一边属华南，一边属江南。南岭东西长约 600 千米，南北宽约 200 千米。南岭由越城岭、都庞岭、萌渚岭、骑田岭和大庾岭五条主要山岭所组成，故又称五岭。广义的南岭还包括苗儿山、海洋山、九嶷山、香花岭、瑶山、九连山等。南岭经多次的造山运动，岩浆活动频繁，所以南岭的山多是花岗岩体构成，故而南岭山地多矿藏，尤以钨、锡、铝、锌等有色金属著称。南岭成矿区是指东西横亘于湘、桂、粤间的五岭山脉和赣、粤间九连山脉及其邻区，这里有色金属、稀有金属矿床比较集中且成矿作用相似。

1981 年，国家科委委托地矿部宜昌地质矿产研究所和地矿部矿床地质研究所组织实施国家"六五"科技攻关南岭项目，即"南岭地区有色、稀有金属矿床的控矿条件、成矿机理、分布规律及找矿预测研究"。该项目下设立了"南岭地区与中生代花岗岩类有关的有色及稀有金属矿床研究"的二级课题，由地质科学院矿床所负责。这个项目最早以地质科学院矿床所的陈毓川和宜昌矿床所的张宏良为首两家研究所合作开展，地科院的矿床所是以矿床研究为主，宜昌矿床所是以岩浆岩的研究为主。

1982 年，陈毓川调到地质部工作，他与裴荣富有过很多合作，彼此非常了解，学术上观点相近，因此陈毓川推荐了裴荣富任所长。经过组织讨论决定，8 月，裴荣富接任矿床地质研究所所长职务，也由裴荣富接替陈毓川负责南岭项目。同年，裴荣富完成了南岭项目的总结。

南岭地区是中国重要的成矿带，它主要是跟花岗岩成矿有关系，而且花岗岩成矿是以酸性岩浆为主，是钨、锡、钼、铋、铅、锌最大的矿。南岭地区的矿产以钨、锡、钼、铋为主，钨矿是世界第一大矿。南岭项目采用系统工程、矩阵网格方式成功地实施了组织管理。项目包括五个专题、76 个课题，取得的主要成果有：

（1）提出了各种类型矿床的找矿方向和区域的、矿田的、矿床的不同尺度的成矿预测，共计完成 250 余处预测区。

（2）查明了矿物共生组合及有用元素赋存状态，为矿床综合利用做出显著贡献。

（3）提高了区域基础地质研究程度，其中系统研究了矿床成矿系列的时空分布和成矿专属。

（4）对研究方法做出新的尝试。其中在成矿随机过程与时空结构分析研究中，应用了耗散结构理论方法，探讨了成矿动力学和成矿规律。

裴荣富对这次研究的贡献就是对南岭花岗岩的成矿提出了一个很有创新的意见：这种岩体以同熔岩浆为主，这与深部构造有关，跟岩浆是同熔或是重熔的有关系。深熔形成的是基性岩浆，同熔形成的是中性岩浆，重熔形成的是酸性岩浆。南岭地区与重熔岩浆有关，形成酸性岩浆，形成的金属组合是以钨、锡、钼、铋为主，而且形成世界第一大矿。裴荣富说：

> 这个项目把南岭地区在岩石学、构造学、矿床学三方面的研究都做得非常详细[①]。

1983 年，地质矿产部在全国成矿远景区划的基础上，开展了全面的矿产资源总量预测工作安排，这是对地质工作提出的新任务。我国当时已经探明了非常可观的各类矿产储量，其中某些矿种的储量在世界上名列前茅。随着经济与社会发展，对矿产资源在经济发展中的保证程度提出了更高要求。对地质工作者而言，工作的重点转变为资源量的探查：即探明可能的矿产种类、数量和质量以及潜在远景[②]。据裴荣富回忆："首先估算油气、铁、

---

① 裴荣富访谈，2012 年 5 月 14 日，北京。资料存于采集工程数据库。

② 裴荣富，朱裕生：在矿产资源总量预测和开展经济评价的问题。《中国地质》，1983 年第 11 期。

铜、金的矿产资源量，然后相继开展其他矿种。"[①] 从此，裴荣富比以前更加忙碌了。他四处奔波，承担了华北地块北缘和四维成矿研究项目，不但完成了矿床勘探，还在理论上发展了矿床学。

1983 年，裴荣富在第三届矿床会议上提交了《再论大冶式铁矿》和《中国东南部中生代火山岩特征和区域成矿条件和成矿系列》两篇论文（集体论文）。80 年代初期科研工作中不讲究个人成绩，所以论文大多都是集体署名，并且也没有正式的公开发表渠道，大部分是在会议或者内部刊物上发表，所以这一时期的很多论文的原件都已经遗失了。《再论大冶式铁矿》于 1985 年发表在《中国地质科学院矿床地质研究所文集（15）》。

1986 年，裴荣富与吴良士、赵余等集体完成论文《华南地区花岗岩形成环境、侵位类型与成矿》。该论文详细论述了华南地区不同地质时期构造层特点、组合类型和区域花岗岩形成的构造环境。据此，进一步研究了不同构造环境的花岗岩形成特点、侵位类型及其组合形式，并探讨了区域花岗

图 7-1　"南岭地区钨、铅、锌等有色稀有金属矿床的控矿条件、物质成分、分布规律"项目获得国家科学技术进步奖二等奖的奖状

---

①　裴荣富，朱裕生：在矿产资源总量预测和开展经济评价的问题。《中国地质》，1983 年第 11 期。

侵位类型、演变特点与有色、稀有金属矿床的成矿关系。同年裴荣富与张宏良、陈毓川等合作由武汉地质学院出版社出版了专著《南岭地区有色稀有金属矿床的控矿条件、成矿机理、分布规律及成矿预测（总论）》。

1987 年 7 月 1 日，经中国地质科学院专业评审委员会评议通过裴荣富的研究员任职资格。

1988 年南岭成矿研究项目"南岭地区与中生代花岗岩类有关的有色及稀有金属矿床地质"取得突出成就，经审批获地质矿产部科学技术进步奖一等奖。后来这个项目与"南岭地区有色稀有金属矿床的控矿条件、成矿机理、分布规律及成矿预测"项目以及有色单位完成的铅锌矿研究成果合并按"南岭地区钨、铅、锌等有色稀有金属矿床的控矿条件、物质成分、分布规律"项目申请国家奖，7 月获得国家科学技术进步奖二等奖[①]。

1990 年，"南岭地区与中生代花岗岩类有关有色及稀有金属矿床地质研究"项目获地矿部科学技术进步奖一等奖[②]。自南岭项目后裴荣富对更广地域的花岗岩类积累了研究经验，为了进一步了解其他国家花岗岩及

图 7-2　赴韩国考察上东矽卡岩型钨矿时坑口前合影（左二：裴荣富）

①　裴荣富访谈，2012 年 10 月 11 日，北京。资料存于采集工程数据库。
②　张瑞，王雅坤：探矿寻宝造福华夏。《创新科技》，2008 年第 8 期，第 26 页。

成矿研究的进展，裴荣富在 1990 年参加了在韩国召开的国际地质对比计划 IGCP282 "花岗岩类与成矿"项目年会，并赴韩国考察世界知名的上东钨矿。

四维成矿研究

随着国民经济的快速发展，矿产资源供求关系日趋紧张，当时探明的储量不能满足工业需求，尤其是铜、多金属和钾矿资源特别稀缺，自给率逐年下降，成为我国工业发展的制约因素。针对这种紧迫的形势，国家提出"八五"国家科技攻关计划——"紧缺矿产勘查与评价研究"。

1989 年，裴荣富主持"八五"国家攻关项目"南陵 – 铜陵 – 贵池地区铜矿成矿预测及靶区优选"的亚专题"四维成矿研究"，任技术负责人[①]。他首次提出"时间维造就空间维"的成矿作用 $3Dt_{o-y}$ 新思维。裴荣富解释：

> 时间维造就空间维，是指时间一变化，空间也随着变化。公式是成矿作用的 $3Dt_{o-y}$。"$3Dt_{o-y}$"里面的"D"是 Dimension 的首字母，3D 意为三维空间；"t"是 time 的首字母，意为地质时间，o–y 意为通过时间由老（old）到新（young）的变化，成矿时间由老到新的变化，3D 三度空间也就跟着变化。

这个观点在理论上具有很重要的意义。四维成矿模式就是研究成矿作用在三维空间和地质时间坐标上形成演化过程的模式。$3Dt$ 模式的引入，把过去单纯地从建立一个矿床模式的静态研究概念提高为动态研究模式，从而更客观地反映成矿作用的演化规律。四维成矿是把 t（成矿年龄）作为三度空间演化的时间标尺，没有 t，也就无从探讨 3D 的演化规律。更为重要的是，通过 t 可以认识矿床的由来和去向，即成矿轨迹。在成矿轨迹

---

① 中国地质科学院矿产资源研究所人事档案：裴荣富延长工作申请表。现存于中国地质科学院矿产资源研究所人事处。

上出现的相对平衡态即是预测的成矿远景区或靶区，从某种意义上说，这比矿产的数学统计预测更具有直接找矿的理论意义。

在该理论提出的基础上，裴荣富在长江中下游九江—瑞昌（在赣西北部九江—瑞昌）地区开始实践"3Dt"。他带着学生邱小平和赣西北地质队的负责人余忠珍一起做这项研究工作。该成果为长江中下游成矿带的四维成矿在九江—瑞昌地区建立了范例。

1992年3月，裴荣富参加在日本召开的第29届国际地质大会。这是首次在亚洲国家举行的国际地质大会，这对促进亚洲地区的开发和研究起到了积极的推动作用。他被选为大会中"成矿年代学"专题的副主持人，并在成矿年代学的讨论会中提出"时间维造就空间维"的成矿观点。这也是他在国内首创完成四维成矿的创新认识在国际大会上的展示。他首创提出成矿定时钟新概念，引起与会人员的极大关注。参会期间，裴荣富考察了热源硫黄矿。

国务院设立了国务院政府特殊津贴①，以表彰为发展国家科学技术做出突出贡献的科学家。经国务院批准从1992年10月起裴荣富享受政府特殊津贴。

图7-3　1992年裴荣富在日本召开的第29届国际地质大会期间考察热源硫黄矿

---

① 国务院政府特殊津贴是中华人民共和国国务院对于高层次专业技术人才和高技能人才的一种奖励制度。获得者被称为享受国务院特殊津贴专家。1990年，党中央、国务院决定，给做出突出贡献的专家、学者、技术人员发放政府特殊津贴。

华北地块北缘项目

华北地块北缘及其北侧南北分界的确切位置长期未有统一意见。一般的划法为：北界西段取温都尔庙—西拉木轮河—卧虎断裂，东段取天山—尔站断裂，南界取固安—昌黎断裂，包括吉林南部、辽宁全省、河北和山西的北部、内蒙古中西部，东西延伸约 1800 千米，南北宽 200—300 千米，面积约 4×10^5 平方千米。该区域北缘为前寒武纪地块的古老陆核和边缘活动带，北侧为显生宙天山—兴安古亚洲造山带的南缘，前寒武纪地块和古亚洲造山带又为环太平洋构造带缩叠加，全区为三个全球性构造带的相互比邻和重叠，形成复杂的构造成矿带，是我国东部的重要矿产基地[1]。华北地块北缘是中国东部三大成矿带之一，除了南岭成矿带和长江中下游成矿带，也是中国北方的最重要成矿带，尤其是该成矿带与蒙古和苏联远东毗邻，因而更具国际类比的意义。华北地块北缘对于地质工作者而言，具有重大的研究价值。

早在 1981 年，裴荣富就参加了华北地块北缘成矿项目，担任其项目顾问[2]。地质矿产部针对该区设置了"八五"科技攻关项目——"华北地块北缘矿化集中区控矿因素与成矿预测"。由于裴荣富具有完成南岭项目的经历，1991 年，裴荣富主持其中的下属课题"华北地块北缘金银多金属矿床成矿系列、矿床模式及典型地区资源潜力评估"。

1991 年 6 月—1995 年 6 月，由矿床地质研究所负责，与长春地质学院、辽宁省地质矿产勘查局共同承担完成该课题。该课题下设三个子课题：华北地块北缘成矿区带划分及成矿预测；华北地块北缘金银多金属成矿系列、矿床模式、成矿理论和预测；辽宁省金银多金属矿床成矿系列、

---

① 裴荣富等：《华北地块北缘及其北侧金属矿床成矿系列与勘查》。北京：地质出版社，1998 年，前言。

② 中国地质科学院矿产资源研究所人事档案：1993 年考核登记表，现存于中国地质科学院矿产资源研究所人事处。

成矿模式及资源潜力评估。研究工作历时四年，项目组全面系统地完成了任务，探明了很多金属矿床并提交了报告，总结了华北地块北缘金银多金属矿床的区域成矿作用的研究成果，并预测了今后的找矿潜力。

1995 年 11 月，受地矿部科技司委托，由地矿部地质调查局主持，课题报告鉴定委员会对该课题进行了鉴定。课题通过了地矿部科技司的科学技术成果鉴定（地成鉴字〔1995〕第 213 号）。鉴定委员会肯定了课题在科学和应用上的价值，对成矿学、矿床学和找矿勘探学科的发展具有重大科学意义，特别是对金属成矿省地质历史演化与成矿年代学的研究更具有世界意义。比如，对冀东金矿成矿及其演化的系统研究提出先兆成矿（Tp）、初始成矿（Ti）、高潮成矿（Tt）、滞后成矿（Th）和终结成矿（Te）的成矿历程及成矿跨度（Ts）的成矿史概念，为制定成矿省的评价指数（API）奠定了年代学基础。

金属成矿省演化是在金属成矿省命名和划分的基础上发展起来的一种新概念，早期是局限于成矿地质构造与矿床组合的一种静态的耦合定式。金属成矿省的最主要内涵是不同金属成矿组成和不同组成在其中的分布与结构。通过这次研究，他们发现金属成矿省是随时间演化的。从大的尺度来看，华北地块北缘金属成矿省，从太古宙至中、新生代就经历了极其复杂的演化过程；从小的尺度来看，一个矿床从成岩到成矿完成都需要时间演化，并形成时间跨度。成矿跨度演化的时间越长，越有利于形成大—特大型矿床。在成矿省中，"时间维"造就"空间维"，它是"演化成矿学"建立的关键。金属等级体制成矿是成矿年代学研究的基础背景。裴荣富认为：成矿年代学不能简单地理解为是矿床的成矿年代，更不是测年方法，而是应用地质构造、岩石、矿物、矿床、同位素地质等多学科综合技术方法研究某一成矿区带的成矿地质历史演化，并赋予成矿年代的鉴证，促进成矿学的更大发展。裴荣富预测："成矿年代学是今后矿床学和成矿学研究的重要发展方向，预计在 21 世纪将会有空前的发展。" [1]

---

① 中国地质科学院矿产资源研究所科技档案：裴荣富 1995 年科学技术成果鉴定档案。现存于中国地质科学院矿产资源研究所科技处。

　　裴荣富提出了金属成矿省的四个等级体制成矿，即金属成矿是有背景的、有控矿场、有流体相、有成矿的构造部位（即矿床），简称为"景、场、相、床"四个等级。成矿学等级机制研究主要强调从金属成矿省、成矿地质演化历史进程中认识四个等级有机耦合的成矿演化规律，而最佳耦合能形成一个大矿。据此，不仅可以从成矿统一框架内部的整体提高区域以及全球的成矿对比，发展成矿学理论，而且对按照等级体制不同层次及其随成矿史演化进程的耦合程度，有次序地合理进行矿产资源评价和矿产勘查具有重要的使用意义。

　　1996—1999 年，裴荣富在上述研究的基础上承担了"华北地块北缘及其北侧金属成矿省演化与成矿年代学"项目，开展成矿背景和矿床堆积环境研究、成矿构造聚敛场和金属成矿相研究、成矿轨迹和成矿演化模式研究。

　　1997 年 4 月，为了表彰裴荣富在地质矿产部"八五"科技工作中的突出贡献，地质矿产部授予他先进个人的荣誉。

图 7-4　地质矿产部授予裴荣富先进个人的荣誉证书

　　1998 年 1 月，裴荣富出版专著《华北地块北缘及其北侧金属矿床成矿系列与勘查》（"八五"地质矿产部地质找矿科技攻关项目第八课题研究成果）。书中全面论述了该区的成矿地质构造、地层、岩浆岩、地质演化史、地球物理特征、成矿规律、矿产预测及个别地区的资源潜力评估；尤其在成矿规律研究方面，以金属成矿省地质历史演化与成矿的学术思想为指导，从前寒武纪地块、古亚洲和滨西太平洋三大成矿构造域，按不同地质历史阶段，将本区系统地划分出 44 个成矿地质构造背景、19 个成矿带、46 个矿化集中区及不同地质历史阶段的矿床成矿系列，并建立了相应的矿床模式。不仅在成矿理论上具有重要的学术意义，而且在指导找矿上有实用价值。涂光炽院士专为本书出版作序，并相信该书系统的剖析将会推动对华北地块北缘成矿问题的讨论，有助于理论的深化和找矿。

2004年12月，"华北地块北缘矿化集中区控矿因素与成矿预测"荣获中华人民共和国国土资源部颁发的国土资源科学技术奖二等奖（图7-5）。

虽然这个项目做得成功，裴荣富回忆时仍表示了一些遗憾："青城子铅锌矿当时推测可能不是构造岩浆，可能是喷流矿床或沉积岩溶矿，为此，还设计了一个钻孔，可惜没有打到矿。我一直在想，这个矿类似朝鲜检德式铅锌矿，希望有机会探究。"[①]

图7-5 "华北地块北缘矿化集中区控矿因素与成矿预测"荣获中华人民共和国国土资源部颁发的国土资源科学技术奖二等奖的证书

超（特）大型矿成矿背景研究

关于超（特）大型矿床，按我国规定的大型规模的3—5倍以上的为超大矿床，少数超过5倍为特大。在世界范围内特大型矿分布特别集中，但是数量非常有限。超大型矿床在国民经济中占有十分重要的地位，寻找和研究超（特）大型矿床更是当今国内外广大地质工作者强烈的追求。

我国也发现了超（特）大型矿，比如，白云鄂博稀土铁矿的稀土量占

---

① 裴荣富访谈，2012年10月11日，北京。资料存于采集工程数据库。

我国总储量的 95%，占世界总储量的 77%[①]。由于超（特）大型矿具有点状特性，难以类比，成矿规律研究难度也很大，是世界各国的重点研究对象。我国也非常重视超（特）大型矿的研究，但只对单个矿床的研究比较深入。1980 年，涂光炽开始进行超大型矿床的研究，并作为专门理论问题研究。1987 年地矿部部长朱训发表了"加强超大型矿床寻找与研究"的讲话。1989 年和 1990 年，由中国矿物岩石地球化学学会和中国科学院资源环境科学局分别在贵阳和北京召开了全国超大型矿床科学讨论会和专家座谈会，提出了在我国开展"超大型矿床寻找和理论研究"的建议，并且同

图 7-6　裴荣富与涂光炽院士交谈

时制订了"我国超大型矿床基础研究"的初步计划，对提高我国已知的超大矿床的研究有重要作用。裴荣富认为，这对超大型矿床全球对比、成矿背景、成矿作用异常和成矿轨迹的分析方面也很重要。

1991 年裴荣富论证了"八五"地矿部重大基础研究项目[②]。1992 年 5 月 20 日，裴荣富与地质部矿产科技司签订重点地质科技项目合同，即"中国特大型矿床形成的地质背景预测和研究"[③]。该项目受地质矿产部科技司委托，由地质矿产部矿床地质研究所承担，中国地质大学（北京）、长春地质学院是协作单位。裴荣富以首席科学家的身份参加[④]。在研究

---

① 中国地质科学院矿产资源研究所科技档案：科技档案号 421，科技项目合同书，1992 年 5 月 20 日。现存于中国地质科学院矿产资源研究所科技处。

② 中国地质科学院矿产资源研究所人事档案：1993 年专业技术人员考核登记表，1993 年 11 月 24 日。资料存于中国地质科学院矿产资源研究所人事处。

③ 中国地质科学院矿产资源研究所科技档案：科技档案号 420，课题计划任务书，1995 年 2 月 17 日。现存于中国地质科学院矿产资源研究所科技处。

④ 中国地质科学院矿产资源研究所科技档案：科技档案号 421，科技项目合同书，1992 年 5 月 20 日。现存于中国地质科学院矿产资源研究所科技处。

中，裴荣富提出了"特大型矿床成矿偏在性（Preferentiality）及其异常成矿构造聚敛（场）（Exceptional Metallotect Convergence）控矿"的新概念，这是裴荣富非常重要的学术观点。

裴荣富通过多年对特大型矿床成矿趋向和成矿轨迹的研究，发现特大型矿的产出有规律，即成矿偏在性，他这样描述："在非（异）常连续的成矿作用过程中，它们（特大型矿）不仅表现出由显微矿化→微矿化（影）→矿化→矿点→矿汇→矿床和特大型矿床的成矿路径，而且偏爱选择在一定的地质构造位置上产出。"根据"景、场、相、床"等级成矿体制原理，不耦合不成矿，一般耦合成小矿，最佳耦合成大矿。而异常性是指特大型矿床发生了一个异常事件的激发才成为大矿。裴荣富从近代气象学

图 7-7　"中国特大型矿床形成的地质背景预测和研究"专题设计书手稿

受到启发，比照气象学里的异常天气，像厄尔尼诺、拉尼娜等现象，由于这样的事件激发，异常天气才会发生，地质也是一样的。比如，1933 年、1954 年、1998 年长江中下游发大水，地质在这一时期就会出现异常情况。在古代，地质也发生过异常。裴荣富举例："比如说世界上千亿吨的 BIF 型氧化铁矿，我曾做过统计，应是在一定时期出现了大气中大氧变态，出现了过氧事件，才出现这样的地质情形。超大型 SEDEX 硫化铅锌矿床也应该是出了缺氧事件才能形成的。"[①]

通过对超大矿的研究，裴荣富发现，中国特大型金属矿床成矿偏在性主要表现为对矿种、矿床类型、成矿时间和成矿背景的特殊选择，而且主

---

① 裴荣富访谈，2012 年 10 月 11 日，北京。资料存于采集工程数据库。

要取决于地质、地球化学和地球物理多种成矿控制因素非常罕见的耦合汇聚，称为异常成矿构造聚敛场。根据对国内主要特大型矿床的研究，随地质历史演化初步可划分：太古宙－古元古代同剪切异常成矿构造聚敛场、元古宙－古生代三同一体异常成矿构造聚敛场、中生代"行""列""汇"构造－岩浆异常成矿构造聚敛场、新生代多阶湖汇流异常成矿构造聚敛场。异常成矿构造聚敛（场）是导致特大型矿床成矿偏在性的重要因素，可作为寻找特大型矿的最佳途径。

1996 年 3 月，地质矿产部科学技术司对"中国特大型矿床形成地质背景预测和研究"的成果进行了鉴定（鉴字〔1996〕第 29 号）。鉴定该项目取得了六个重要成果：在全国五大成矿域中聚焦出 30 个成矿堆积环境；研究了八个代表性特大型矿床的成矿偏在性，为其成矿趋向指出了方向；系统分析了中国特大型矿床在时空分布、矿床类型和元素组合的成矿偏在性；重点研究了痕量元素和稳定同位素特征，探讨了主要特大型矿床类型成矿物源的亲缘性和变异性；对比研究国内外特大型矿床成矿特征，指出它的共性和特殊性；详细研究了华北地区北缘等五大地区的区域成矿远景[1]。

图 7-8　"中国特大型矿床成矿偏在性与异常成矿构造聚敛场"项目获中华人民共和国国土资源部颁发的二等奖

1998 年 4 月，裴荣富在上述研究成果的基础上出版专著《中国特大型矿床成矿偏在性与异常成矿构造聚敛场》，著名矿床学及地球化学家涂光炽院士为该专著做了序。之后，"中国特大型矿床形成地质

---

① 中国地质科学院矿产资源研究所科技档案：科技档案号 421，科学技术成果鉴定书，1996 年 4 月 2 日。现存于中国地质科学院矿产资源研究所科技处。

背景预测和研究"被列为国家自然科学基金资助项目（49572097）和地质矿产部"八五"基础研究资助（9501118）项目。1999年，由裴荣富、熊群尧完成的《中国特大型金属矿床成矿偏在性与成矿构造聚敛（场）》论文，发表在《矿床地质》第18卷第1期。

2006年11月，裴荣富因中国特大型矿床成矿偏在性与异常成矿构造聚敛场项目获得中华人民共和国国土资源部颁发的国土资源科学技术奖二等奖。

大型 – 特大型矿床地质预测研究

在全球找矿难度日益增大的情况下，富矿、大矿特别是对难识别和隐矿的寻找更非易事，国内外许多重要矿床的发现都表明，正确的思路和科学、合理的方法是最重要的因素之一。因此，矿产的地质预测实际上是以成矿理论为基础的预测。裴荣富在超大矿的研究中已经总结了很多经验并

图7-9　1999年，裴荣富在冀东马兰峪金矿钻坑前与同事的合影（左三：裴荣富，左二：梅燕雄）

提出了自己的见解，于是他参加了谢学锦（化探）、刘光鼎（物探）和裴荣富（地质）三人负责的国家攀登计划"找寻难识别及隐伏的大矿，富矿的新战略、新方法、新技术基础性研究"（编号85-34）。

1995年2月17日，裴荣富主持了二级课题"大型－特大型矿床地质预测研究"（编号B85-34-02）。总的任务是直接使用地质方法，在研究、总结矿床地质特征和成矿规律的基础上，重点发展新的成矿理论和预测方法，结合中国地质成矿的具体条件，在华北地块北缘、滇黔桂和华南－扬子边界地区，以金、铜为主，寻找大型、特大型矿床远景区。该课题共设置五个专题：衍生矿床导向和成矿轨迹追踪的预测研究；矿床密集区预测的理论和方法；三源热液成矿预测研究；盆地演化和卡琳型金矿预测；铅同位素化探找矿预测研究。由裴荣富、沈保丰、季克俭组成领导小组，负责"衍生矿床导向和成矿轨迹预测研究"专题。

1995年3月13日，裴荣富签署了"衍生矿床导向和成矿轨迹追踪预测研究"的专题合同。衍生矿床导向和成矿轨迹追踪预测研究是裴荣富等根据姻袭成矿概念提出的地质直接找矿方法，即应用生物繁衍的遗传变异理论解释成矿作用的发生和发展，探讨成矿作用的来龙去脉，从而发现衍生相（母子）矿床和变异相（姊妹）矿床，同时还可根据衍生路径追踪预测。衍生矿床导向、成矿轨迹追踪和成矿预测是对隐伏矿床进行预测的新方法，不仅发展了衍生矿理论，而且在华北地块北缘金矿成矿远景进行成矿预测的新尝试，特别是对冀西北和冀东两矿集区金矿的成功预测，为该区深入进行金矿勘查做出重要贡献。裴荣富在长期的研究工作中，根据积累

图7-10　《难识别及隐伏大矿、富矿资源潜力的地质评价》封面

的资料提出利用衍生矿床导向的成矿轨迹追踪，最终直接寻找特大型矿床的理论和方法。

1997 年，该研究的主要成果在国际地质对比计划 IGCP354 国际会议上作了报道。1998 年 6 月，裴荣富出版专题研究报告《衍生矿床导向成矿轨迹预测研究》。2001 年 8 月，由裴荣富担任第一主编的《难识别及隐伏大矿、富矿资源潜力的地质评价》一书作为国家攀登计划项目 85B-34-02 课题成果出版。

第八章
50载奋斗，硕果累累

光阴荏苒，岁月如梭。从1943年8月裴荣富迈进北京师范大学地质学专业开始，他与地质科学结缘已经度过了半个多世纪。通过不懈的努力与探索，他在学术上取得了骄人的成绩，走向了世界，同时，也收获了国家和人民给予的荣誉。

国 际 交 流

裴荣富的国际影响力是从他20世纪80年代初参加各种国际交流活动开始的。1986年8月17—22日，裴荣富与程裕淇、张秋生同行参加国际矿床成因协会（The International Association on the Genesis of Ore Deposits，IAGOD）第七届年会。

国际矿床成因协会于1964年成立于新德里，是国际地质科学联合会（International Union of Geological Sciences，IUGS）下属的矿床专业学术组织，主要由第三世界有关经济地质和矿床学的地质学家广泛参加的国际组织，以沟通东西方地质学系之间的友谊和共同解决矿床成因问题为宗旨。每四年

图 8-1　裴荣富在瑞典参加国际矿床成因协会科学讨论会时与程裕淇（右）、张秋生（中）合影

举行一次学术讨论会。本次讨论会由瑞典、芬兰和挪威地质调查所以及瑞典 Lule 大学共同主办，Nordic 地球研究院、矿山工业部和 Nordic 部长委员会赞助。讨论会在瑞典 Lule 大学召开，出席会议的代表约 430 人，来自 43 个国家，会议规模比较庞大，共宣读论文 176 篇。裴荣富一下子能接触到这么多国际专家，他特别珍惜这次机会。他仔细记录了会议的内容，分析了开幕与闭幕会议上的重点论文以及会议重点讨论的主题，并将这些内容的关键性成果与国内矿床的现状结合，总结出自己的体会，发表于《矿床地质》（1987 年第 1 期）。裴荣富在文章中写道："这对我国华北和西北等地区的前寒武纪的成矿认识，特别是当前重点研究的华北地台北缘的成矿作用具有重要参考意义。"

会后裴荣富还考察了世界级海相火山岩型吉鲁纳铁矿、芬兰奥托昆布铜矿和开米铬铁矿。考察铜矿是因为中国需要购买铜矿石，直到现在，我国的铜还需要大量进口，进口量占到 40%—50%。裴荣富去芬兰的时候就是带着这个任务去的，而芬兰也希望卖给中国铜矿石，为了做成这个生意，他们允许我国科研人员考察他们的铜矿。此外，在芬兰考察铜矿的同时，他也考察了开米的铬铁矿。后来，会议闭幕式上 RussellMJ 先生的《沉积容矿喷气矿床的成因模式》由裴荣富和邱小平翻译，于 1988 年发表于《地质科学译丛》（1988 年第 2 期）。这是裴荣富第一次参加国际会议，通过参加这次会议，拓宽了他的专业视野。

裴荣富于 1990 年在加拿大召开的第八届国际矿床成因年会上当选为国际矿床成因协会的副主席。当选副主席以后，在加拿大召开了国际地质对比计划（International Geological Correlation Programmes, IGCP）的第二次会议，会后每个国家都参与讨论下一届的召开地点，于是裴荣富申请在中国召开，当时一起申请的还有澳大利亚。由于历届大会都在西方国家召开，而中国在矿产资源的地质工作方面正蓬勃发展，并发挥了重要的作用。因此，第七届（1986 年，瑞典）的主席积极支持第九届在中国召开，并起到了积极的推动作用。会上通过投票决定第九届国际矿床成因协会在中国召开。在投票胜利之后，根据会议在哪国召开，哪国副主席就升成主席的惯例，裴荣富就当选为第九届国际矿床成因协会主席。时至 1994 年，第九届国际矿床成因协会大会在北京成功召开，裴荣富院士任国际矿床成因协会主席，并主编会议论文集。有很多国家参加了这次在中国召开的国际矿床成

图 8-2　裴荣富在第九届国际矿床成因协会大会的留影

因协会，裴荣富作为主持人出席了会议，会后他组织出版了国际会议并为论文集撰写了序言。在这个会上，中国以超大型矿床研究为主，裴荣富的研究团队发表了金顶、白云鄂博等几个超大型矿床的研究成果，获得了举世瞩目的成果。来自世界五大洲 42 个国家和地区的 300 名地质学家参加了这次地质科学盛会。这次会议对促进中外地质学家的广泛交流与合作、扩大中国地质科学的国际影响产生了积极的作用。

1989 年 8 月，裴荣富同程裕淇等一起赴美国首都华盛顿参加第 28 届国际地质大会。国际地质大会（International Geological Congress，IGC）始于 1876 年，是国际科学会议中历史悠久、规模巨大、学科广泛、极负盛名的学术组织，由各国地质机构和学术团体代表组成，每隔四年定期召开，可以说是地学界的奥运会。大会的宗旨是：与国际地质科学联合会合作，为地质科学的基础研究和应用研究的发展作出贡献，为各国地质学家的学术交流提供集会场所，为地质学家的野外考察提供机会。

在第 28 届国际地质大会上，裴荣富提出的"从地质历史演化研究成矿"被列为专题[①]。这是裴荣富正式走向国际地质科学舞台的开始。他自第 28 届地质大会之后，参加了第 29 届（1992 年，日本）、第 30 届（1996 年，中国）、

图 8-3 裴荣富参加第 28 届国际地质大会的留影

第 31 届（2000 年，巴西）、第 32 届（2004 年，意大利）、第 33 届（2008 年，挪威）、第 34 届（2012 年，澳大利亚）国际地质大会[②]。1996—2012 年，他连续五次受聘担任国际地质大会专题讨论会主持人，主持"成矿作用

[①] 中国科学院学部联合办公室：《中国科学院院士自述》（第二卷）。北京：高等教育出版社，2008 年。

[②] 王瑞，王雅坤：裴荣富探矿寻宝乐融融。《创新科技》，2008 年第 8 期，第 26—27 页。

演化""大型铁矿成因""大型－超大型矿床成矿""巨型－超巨型矿床"和"巨型－超巨型矿体"专题讨论会，把我国地质学家"金属成矿省演化""矿床成矿系列""大型－超大型矿床成矿"等领域的研究成果介绍给国外同行，促进了我国地质学的国际学术交流。

The International Association on the Genesis of Ore Deposits

IAGOD council have voted at the Council meeting held on Tuesday 24th, in Florence, Italy, during the 32nd International Geological Congress to award

Honorary life Membership

to

Academician **Pei Rongfu** (Beijing, China)

In recognition of service to the association and its commissions in the course of many years

Signed

Nigel J. Cook
IAGOD Secretary General

图 8-4 国际矿床成因协会授予裴荣富的终身荣誉奖

其间，2004 年在意大利召开了第 33 届国际地质大会，同时也召开了 IGCP 国际矿床成因协会的会议。因为裴荣富的贡献非常大，他被授予了终身成就奖的荣誉。这个终身成就奖全世界当时只有八人获得，在亚洲，裴荣富是第一人，由此可见裴荣富在国际上的学术地位。

2012 年 8 月在澳大利亚的布里斯班召开第 34 届国际地质大会，来自全球 110 个国家和地区的地质科学家齐聚一堂。据 2012 年 8 月 29 日《中国地质调查》的报道文章《国际地学界的盛会——第 34 届国际地质大会综述》，可反映出这是一次地质界盛大的学术会议。

大会收到来自世界各地 112 个国家地质学家提交的 5000 份论文摘要，共计学术发言 3600 多个，举办学术墙展 360 多个。本次大会以"探讨过去，揭示未来——为人类的明天提供资源"为主题，由地学展览、室内会议和野外地质考察三部分组成。

这次大会受到中国学界的高度重视。来自国土资源管理部门、地学科研教育机构，冶金、煤炭、有色等行业领域的近 700 名中国学者参加了此次盛会。有近 370 名中国学者在不同的会场作学术报告。大会组委会在会前就收到中国专家学者提交的 800 多篇论文，中国地质科学家深度参与大会学术研讨，中国地质科学院 14 人在九个专题研讨会上担任召集人、59 名专家学者作大会代表发言。很明显，中国地质学术力量很重要。在近二三十年都会讨论关于大矿、超大矿的问题，而且每一届里面都有一个讨论大矿、超大矿的专题，裴荣富在这届大会上作为第二主持人也讨论了关于找大矿和超大矿的问题，他还提出一个找大矿、超大矿的新认知。他通过前几年对超大矿研究，掌握了六大洲、121 个国家、21 个矿种、1285 个大矿的资料数据，用这些大矿、超大矿量变的线性回归方程的趋势，按量变规律作出一曲线，并划分出来轻量级、重量级、超重量级，进而分为大矿、超大矿、特超大矿。量变是一切控制地质因素的函数，以此函数为依据，根据不同的量级找矿，从而扩大仅按同一类型找矿的成功几率。全球铁矿的线性回归方程如图 8-5 所示，发表在英文杂志上。

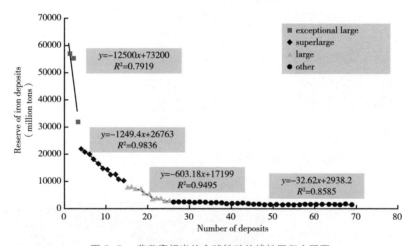

图 8-5　裴荣富提出的全球铁矿的线性回归方程图

　　在这次国际地质大会上，裴荣富等人完成的《1∶25M 世界大型－超大型的成矿图》在中国馆展出了，很多学者都来参观这幅图。该图是世界上最早能够将全球的大矿、超大矿形成一个成矿体系的图。

　　此外，裴荣富曾在日本各个大学里讲学。比如，日本的东海大学、广岛大学、东京大学。1986 年认识了石原舜三教授，石原舜三是世界知名的

图 8-6　裴荣富与加拿大地质学家在世界超大型成矿分布图前的合影

图 8-7　1994 年裴荣富在日本东海大学讲学

地质学家，主要研究花岗岩，提出了钛铁矿型和磁铁矿型的花岗岩分类。当时石原舜三是日本地质调查所所长，后又调到日本地质调查院。裴荣富曾推荐他作为中国地质科学院的名誉院士。同样，石原舜三召开的一些会议也请裴荣富参加，以增进彼此的交流，他邀请裴荣富参加在北海道召开的西北太平洋会议。经过几次交往，相互有了更深入的了解，石原舜三非常希望做一些矿产方面的研究，而日本本地的矿产资源较

图 8-8　裴荣富与石原舜三

图 8-9　裴荣富与日本合作研究 ITIT 项目，向日本地调局局长赠送超大型矿床研究著作

少，施展不开，于是通过裴荣富的联系，2000 年签订了中日"ITIT"国际合作项目。该项目主要是搞矿产资源方面的研究。这个计划有两种含义：一方面，中国地质专家去日本讲学并进行矿产资源调查；另一方面，日本地质专家到中国来做与矿产资源相关的工作，双方都是无偿工作，这种合作其实

图 8-10　1997 年，裴荣富在委内瑞拉野外考察中（左二：姜枚，左六：汤中立，
左七：裴荣富，右一：崔盛芹）

是一种研究上的互补。

裴荣富有援助苏丹、巴基斯坦等国勘探矿产的成功经验，而且在国际舞台上频频提出重要学术观点，有一定的知名度，因而他能够有机会从 80 年代开始到 90 年代就能拿到 IGCP 对比项

图 8-11　IGCP-220 项目会议裴荣富发言

目。IGCP 是国际地质对比计划，这个对比计划不是由一个国家，而是由一二十个国家共同参与的很大的项目研究，这个项目是搞花岗岩的，项目执行了四年。一开始裴荣富仅仅是参与 IGCP-200 项目，紧跟着又延续了 IGCP-282 的项目，也是研究花岗岩的，连续八年他在 IGCP 都做了与花岗岩有关的成矿研究。裴荣富后来就拿到了 IGCP-354 的项目。这个项

图 8-12　1988 年，在韩国召开 IGCP-200 项目会议裴荣富与部分人员合影（后排右四：裴荣富）

图 8-13 1988 年，裴荣富参加 IGCP-282 野外考察（左一：裴荣富，左二：日本学者今田正）

图 8-14 1995 年 10 月，IGCP-354 岩石圈超巨型金属工作堆第一次年会在美国 Pustou 地质调查所举行时部分专家留影（右四：裴荣富）

目的主题是"岩石圈超剂量金属工业堆积"，是以他为首的，有十几个国家负责人跟裴荣富联手合作。这个工作为他从事超大型矿床的工作奠定了基础。IGCP-354 每年在中国、美国、委内瑞拉、英国和澳大利亚五个国家中的一个国家召开会议，每次会议都是以裴荣富为首组织和召开的。这个项目对整个构造背景和成矿场地、矿床的发生聚类形成大的矿体的研究取得很大成就，具有很大的国际影响力。

获李四光地质科学奖

李四光地质科学奖，是奖励那些为发展地质科学和祖国现代化建设做出突出贡献的地质科技工作者。每两年评选一次，每次除荣誉奖外，共选出获奖者不得多于 15 人，获奖者一生只能被授予一次，并作为终身荣誉。李四光地质科学奖共有四个奖项：野外地质工作者奖、地质科学研究者奖、地质

荣誉证书

李奖(95)012

李四光地质科学奖委员会决定授予裴荣富同志第四次李四光地质科学奖，以表彰他在地质科技研究中的突出贡献。

一九九五年

图 8-15　裴荣富荣获李四光地质科学奖的证书

图 8-16　1995 年裴荣富荣获李四光地质科学奖后与同事合影（左四：裴荣富）

教师奖和特别奖。

　　1995 年 10 月，裴荣富因长期从事地质工作，热爱祖国、热爱地质事业，获得了全国地质工作者的最高层次的地质科学奖——李四光地质科学奖[①]。1995 年是第四次评选，本次获此殊荣的全国仅 14 人：特别奖两人、荣誉奖四人、野外地质奖六人、地质科技研究奖四人、地质教师奖两人。裴荣富的获奖是对他近 50 年地质工作的肯定。

著书立说

主编《中国矿床模式》

　　20 世纪 70 年代以来，随着直接露出地表的易发现的矿床数量明显减少，隐伏矿床已逐渐成为矿产勘查和开发的主要对象。在找矿难度日益增

---

① 　张瑞，王雅坤：探矿寻宝　造福华夏。《创新科技》，2008 年第 8 期。

大的情况下，1995年6月，裴荣富组织地质矿产部矿床地质研究所等28个科研、教学及生产单位的专家、学者编辑出版了《中国矿床模式》专著，首次在全国范围内划分出四大构造成矿域和27个成矿堆积环境，相应建立了92个普适性矿床模式。该模式达到既见矿床成矿模式之"木"，又见成矿模式环境之"林"。其中新的思维就是把一类矿床模式化，利用各类模型做比对来找类似的矿。这个模型是具有普适性的，反映了哲学观点"白马是马，而非马"。"白马是马"，但不是"马类"，需要的是找出"马类"来。裴荣富说："我们建立一个普适性的模型，才能有普遍应用的意义。"中国矿床模式的建立是通过对成矿构造背景、环境和矿床的逐级研究，弄清宏观与微观不同等级成矿机理的实例。此部著作是我国固体矿产地质勘查实践经验的总结和理论研究成果的大荟萃，集中反映了当时中国矿床学的最新进展[1]。该书融合国内主要典型矿床的研究成果，集实践数据、理论模式、学术思想、勘查模型于一体，成为国内矿床界的重要科学参考专著。该书由时任地矿部部长朱训作序。他认为，该书不仅有重要科学价值，而且具有重要认识论意义，是找矿哲学中类比分析在更广范围的运用，对指导找矿具有重要实际意义。另外，该书还在附录中提供"中国主要工业类型矿床规模划分标准""中国某些矿床标型矿物特征表""矿床稳定同位素研究参考资料"等三项内容。本书的出版为我国矿产地质勘查工作提供了经典的案例范本，因此非常受业内人士的关注。

1997年，《中国矿床模式》获得了地质矿产部科技进步奖二等奖（图7-6）。

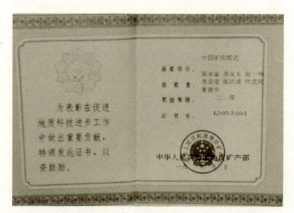

图8-17　《中国矿床模式》获得地质矿产部科技进步奖二等奖证书

---

[1]　张瑞，王雅坤：探矿寻宝 造福华夏。《创新科技》，2008年第8期。

共同撰写《中国矿床成矿系列初论》

1998 年 6 月，在程裕淇先生的指导下，陈毓川、裴荣富、宋天锐的《中国矿床成矿系列初论》专著得以出版。

这是全国固体矿产成矿预测系统综合研究项目（015）中的一个课题"中国矿床成矿系列及其理论在成矿预测中的应用"（015-1）。研究成果论述的内容包括：中国区域成矿构造背景和成矿环境、不同成矿环境中的与岩浆岩和变质岩有关的矿床成矿系列组合以及与沉积岩有关的矿床成矿系列组合。其目的是解释矿床成矿系列的区域分布规律，发展区域

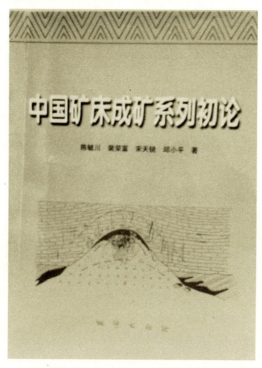

图 8-18 《中国矿床成矿系列初论》封面

成矿学和矿床成矿系列成矿理论，指导矿产勘查，提高地质找矿的科学性和效益。

这本书是一部系统介绍中国矿床成矿系列概念和主要成矿区带中矿床成矿系列的专著。按矿床成矿系列的研究现状，将此系列分为 6 个不同级别的序次；从矿床成矿系列的概念和全国矿床成矿规律研究的成果出发，将全国划分为 5 大成矿域、19 个成矿区带，系统地叙述了每个成矿区带的成矿环境。本书在全面总结成矿区带成矿地质背景的基础上，结合不同矿床成矿系列在各成矿区带中的时空分布特征，探讨了中国矿床成矿系列的演化规律，并对成矿远景进行了预测。

裴荣富作为第二作者，执笔了多个章节：独立撰写"中国主要成矿区的构造背景和成矿环境"一章，联合撰写了"中国主要成矿区（带）中矿

床成矿系列（岩浆和变质矿床成矿系列）"以及"矿床成矿系列时空演化"两章。

《第九届国际矿床成因协会论文集》（英文版）全文收录了裴荣富发表的该成矿系列论文受到国际关注。

主编《深部构造作用与成矿》

1995—1996 年，在地矿部科技司组织和主持下，召开了多次"八五"重点基础地质研究项目专题交流和讨论会，推广相关的研究成果。

一般的地质学术交流讨论会按学科或者某一方面的专题组织进行，以利于学科水平的提高和专题研究的深入。但是，在实际地质工作中，涉及某一地区、地段整体地质情况的认识不是单一学科能胜任的。虽然，针对某一地区或者地质构造单元的项目是单独设立的，设计学科范围多的项目分出许多子课题进行研究，但缺乏不同课题间的交流和讨论，没有形成一个有机系统。在项目完成前，对项目和专题之间涉及的共同问题进行交流、探讨，发现问题，及时作适当调整，这都是非常重要的。

在科技司和"中国大陆岩石圈组成、结构、演化与环境"项目组的支持下，1995 年 8 月 22—24 日在中国地质大学（北京）召开"深部构造与成矿关系"研讨会。裴荣富作为会议第一召集人，召集了来自生产一线、院校和科研单位的 40 位学者参加了会议。会议由地质、地球物理、地球化学、矿床学、岩石学和构造地质学等各专业领域的专家出席，内容包罗了地质部门内部的主要专业和学科。本次交流主要有以下六个方面的主题：对壳幔相互作用、地幔部分熔融和有关成矿作用的新认识；加深对成矿流体重要性的认识，并进行有意义探索；介绍我国岩石圈的地球物理探测资料，探讨这些深部信息对分析区域成矿的意义；对岩石圈地球化学和区域地球化学进行新探索；多方面探讨构造控矿作用几区域成矿规律；注重研究战略找矿。与会者充分参与了讨论，各抒己见。虽然争锋相对、相对诘辩还不足，但作为一个新的开端，创造了地质科学研究中公开讨论、答辩的气氛。与会者普遍反映这种方式有利于开阔眼界，有助于获得有关问题的整体概念，倾听到不同的意见和批评。

裴荣富对这次会议记忆犹新，认为这是一个非常具有里程碑意义的会议，改善了地质不同专业间"鸡犬之声相闻，老死不相往来"的局面。他再次强调了自己的观点：地质工作中的结论不是绝对的，只是阶段性的、局部的，就像盲人摸象，得到的信息越全面，思维越客观，结论就越准确。因此，他非常赞同不同意见，尤其是不同专业方向上的交锋。

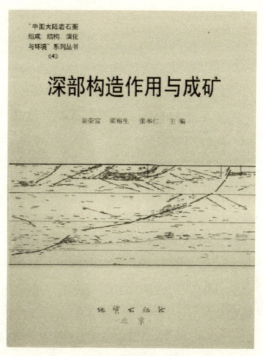

图 8-19　《深部构造作用与成矿》封面

为了把这次会议的交流成果在地质界中为多数人所了解，听到更多的意见和建议，根据会议概况、主要交流和进展等会议纪要，将内容整理成册出版。1999 年 3 月，裴荣富作为第一主编，组织出版了《深部构造作用与成矿》一书。该书选编了包括岩石圈壳－幔演化与成矿、深部构造与成矿、深部流体与成矿和深部成矿与预测的文章 22 篇，其中收录了裴荣富、彭聪、熊群尧发表的题为《南岭金属成矿省深部构造过程与超巨量金属堆积》的论文。该论文重点探讨了中生代陆内造山的深部构造过程（作用）和地球物理鉴证及其对形成超巨量金属堆积的重要意义。该书为我国在开展身部找矿、制定矿产资源发展战略具有重要参考意义。

出版《中国中生代成矿作用》

中国地质构造复杂，成矿条件优越，矿产资源丰富，如何对丰富的矿产资源进行系统的研究，总结成矿规律以指导找矿，无疑是当务之急。为了全面总结新中国成立五十多年来积累的大量矿产勘查和研究资料、深化对区域成矿规律的认识，中国地质调查局在 2000 年前后设立了地质调查综合研究项目"中国成矿体系和区域成矿评价（1999—2003 年）"。该项目组织了 40 个科研、教学、地勘单位的二百多位科技骨干（其中包括七位院士）参加，裴荣富负责该项目第三课题"重要地质时期大规模成矿作用及其时空结构"的五个专题之一的"中生代成矿作用"。

成矿系列的研究与应用对促进矿产资源调查和矿产勘查工作起到了很好的作用。"中国成矿体系和区域成矿评价"的项目成果陆续出版，这一系列图书是关于我国大陆矿床成矿系列、主要地质时期大规模成矿作用及其时空结构与成因机理、主要成矿区（带）成矿物资富集规律和定位机制等方面研究的最新、最完整的科学巨著。其中，涉及不同时代成矿作用的包括"前寒武成矿作用""古生代成矿作用""中生代成矿作用""新生代成矿作用"。

裴荣富、梅燕雄、毛景文等人的专著《中国中生代成矿作用》出版。作者在成矿系列概念和等级体制成矿观点的指导下，运用"演化成矿学"和"时间维造就空间维"的动态成矿新思维，以 50 种主要矿产（包括能源矿产、金属矿产、非金属矿山）为研究对象，以中生代岩浆成矿作用和沉积成矿作用为主线，对中生代大规模成矿作用及其规律进行了深入研究，编制完成了《1：500 万中生代地质矿产图》《中生代矿床成矿系列图》及《中国中生代矿集区图》。

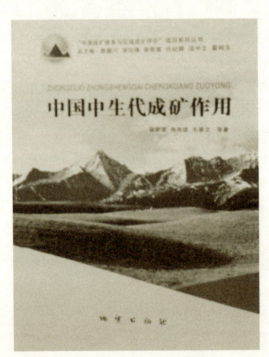

图 8-20　《中国中生代成矿作用》封面

该书以中国中生代矿床的大量研究资料为基础，通过国内外中生代矿床的系统对比，对我国中生代成矿作用及成矿规律进行了系统论述。根据中国中生代地质构造演化和成矿特征，划分出滨太平洋、特提斯、中亚 3 大成矿域和 10 个成矿省、35 个成矿区带，分析了中生代矿集区及其内部结构，厘定了 3 个成矿系列组合、11 个成矿系列类型、121 个成矿系列和 305 个矿床式。根据 829 个典型矿床资料、467 组同位素年龄数据，总结了中生代成矿作用的时空结构，探讨了中生代成矿作用演化及其地球动力学背景，深化了对中国中生代成矿规律的认识。

裴荣富认为这个项目有两个大的成就："这个项目的成就就是，提出了如何形成构造岩浆，即岩浆形成矿藏的三部曲——深部构造过程是成矿的引擎；表壳控矿构造是成矿的温床，即成矿的动力（其中有强动力、弱动力、中等动力，由于动力不同形成了不同的接触构造体系，由此也就形成了很好的温床）；深部与浅部如果相应或者耦合才能成矿，不耦合不成矿，最佳耦合成大矿。"[1] 同时，他高兴地说："我写的成就就是把中生代的成矿系列划分得很详细，而且特别是在中生代的成矿里面我把成矿年代学做了一些详细工作，因而我在有众多人参加的项目中得了国家科学进步二等奖。"[2]

当选中国工程院院士

1999 年 12 月 27 日，裴荣富当选为中国工程院院士。但这个过程并不是一帆风顺的，他曾经申报过两次中国科学院院士、一次中国工程院院士，最终当选为中国工程院院士。

1995 年，裴荣富第一次申报中国科学院院士。根据院士增选程序，不受理个人申报，可由已经当选的院士提名。程裕淇是科学院院士中非常知名的人物，他与中国科学院的宋叔和院士一起推荐裴荣富作为候选人。20 世纪 50 年代，程裕淇和宋叔和曾带领裴荣富一起工作过，他们先后担任地质

① 裴荣富访谈，2012 年 4 月 18 日，北京。资料存于采集工程数据库。
② 裴荣富访谈，2012 年 10 月 11 日，北京。存地同上。

部研究所的所长，可以说两位前辈亲眼见证了裴荣富由一个技术员到优秀科学家的成长过程，非常了解裴荣富，认为裴荣富的学术水平、职业道德、科学态度、献身精神等方面的条件基本符合院士的要求。根据评审和选举规定，获得赞同票超过投票院士人数 1/2 的候选人，按本学部应选名额依次当选，额满为止。裴荣富第一次申报没有被批准，他知道这个消息后非常坦然，因为他天生就是一个开朗的人，觉得自己被两位著名的院士推荐已经非常荣幸了。

1994 年，中国工程院成立了。"中国工程院院士"是国家设立的工程科学技术方面的最高学术称号，为终身荣誉，院士由选举产生。在工程科学技术方面作出重大的、创造性的成就和贡献，热爱祖国，学风正派，具有中国国籍的高级职称的专家，可被提名并当选为中国工程院院士。

1997 年，裴荣富也申报了中国科学院院士评选，但是又落选了。1999 年，所有申报院士的只能在科学院和工程院之中选择一个申报，裴荣富认为工程背景是自己最大的优势，于是他根据自己的情况申报了工程院院士。1999 年增选院士的名额不超过 120 名，其中能源与矿业工程学部不超过 16 名。因裴荣富有很多工程背景，又有援外工作的经历，取得的各种成果也非常显著，所以这次很快就通过了。曾经推荐他的中国科学院院士程裕淇知道了非常高兴，开玩笑说："东方不亮，西方亮！"[①]虽然裴荣富当选工程院院士的过程很曲折，但是每当他说起这件事情的时候都觉得自己很幸运。他说："一般情况下，当选院士要有博大精深的理论学术著作和文章，还要有过硬的工程背景和卓越的突出贡献。"裴荣富认为，他能够被评选为院士，是因为有过去学习的基础，特别是工作的基础，而且是系统的长期的工程背景的积累。他向来都觉得这是他最有优势的地方，因此在国际地质界才有了重要地位和作用。他自信地说："工程背景是我的最大优势。"[②]

裴荣富认为他能当选院士不是偶然的，是有机遇的。好的开始即是成功

①　裴荣富访谈，2012 年 10 月 11 日，北京。资料存于采集工程数据库。
②　裴荣富访谈，2012 年 5 月 14 日，北京。存地同上。

的一半。他很感激家人："第一个机遇就是学习。"[1] 上小学时，家里有条件供他读书。父亲病故后，虽然经济条件很不好，但家里人还是支持他念书。他自己也坚持要读书，学习很努力，并且成绩很好。初高中毕业后，裴荣富报考了三所大学，都被录取了。只是考虑到学费问题，就选择了北京师范大学地学系公费读书。在录取的 13 人中，裴荣富是第一名。除了学习，他认为另外的一个机遇是"党的培养"[2]。1949 年新中国成立，他留在北京参加了新中国建设，才有机会在工作初始得到最重要的锻炼，

图 8-21　裴荣富的中国工程院院士终身荣誉证书

向有资历的专家学习，使裴荣富奠定了从事区域地质、矿床地质，尤其是矿产勘查的基础。这些既是裴荣富本人的努力，也是时代给予他的机遇。裴荣富是我国自己培养的科学家，他经历过新中国成立前的颠沛流离、迷茫求学，经历过新中国成立初期的艰苦创业，经历过"文化大革命"冲击、经历过改革开放的科学春天，他的成长也见证了新中国的成长与发展。

① 裴荣富访谈，2012 年 4 月 18 日，北京。资料存于采集工程数据库。
② 同①。

第九章
老骥伏枥　志在千里

老（危）矿山深部找矿咨询项目

从地质勘察的角度而言，老矿山（危机矿山）其着重点仅限于"资源型危机矿山"的范畴。所谓"资源型危机矿山"，简单地说就是资源短缺、面临闭坑的矿山；展开来说则是，由于矿区范围内可供的矿产资源短缺紧张，或者可采储量逐渐枯竭，或者由于矿产品价格波动、供求关系变化等市场条件改变而难以继续经济地开发利用矿产资源，导致矿山产量持续下降、产能明显过剩、经营状况恶化、矿山保有服务年限低于警戒线，因而在目前成为已经或者今后一定时期内难以维持正常生产经营而面临闭坑或破产危机的矿山企业。"资源型危机矿山"主要有三个特点：矿区资源短缺、"三级储量"比例失调、可采储量枯竭；矿山的正常生产经营难以为继；矿山尚可服务年限低于警戒线。

"资源型危机矿山"是个老问题。危机一词有两层涵义：一是指潜伏的危险与祸根；二是指危难困境或存亡成败关头的转折契机。危机仅代表在转机与恶化之间的不稳定的阶段。只要未雨绸缪、处理得当，就有可能抓住契机，获得转机，降低风险，减少损失，甚至化险为夷因祸得福。

中国的主要矿业城市形成于新中国成立之初，绝大部分矿山的矿产资源储量都是在20世纪五六十年代国家出资调配地质队伍探明的。经过50年左右的开采，大批大中型矿山保有储量趋于枯竭。根据有关研究表明，在我国10618座各类型金属矿山中，大多数始建于20世纪50年代至70年代，经过几十年的开采，目前已有2/3的矿山呈现老化，近80%的矿山比原来设计的服务年限延长了10年以上，保有储量的严重不足，造成许多矿山资源枯竭，企业生产陷入困境。按当时的资源保有储量推测，"到2020年仅有不足20%的矿山能维持生产" [1]。2002年下半年开始，我国已显现出工业高速增长对矿产的需求。一个突出的矛盾是，一方面我国在石油和铁矿方面的对外依存度超过了50%；另一方面，中国的矿山企业却由于资源衰竭接连倒闭。由于重要矿山的技术力量是经过多年积累的，配有大量设备，这些都是非常宝贵的资源，要维持和保留重要矿山企业的产能是很重要的。

裴荣富一直工作在地质实践的前线，早在1979年，他提出了矿产勘查的"双控论"和"合理域"科学技术模型以及风险投资与决策支持系统的科学技术模型。而且，他关注到现在很多矿山都不考虑再发现，只是坐吃山空，不居安思忧，结果就造成了危机，所以，他对老矿山（危机矿山）有很超前的预防意识。他整体归纳矿产地质勘查与矿业可持续发展的四项科学技术模型：固体矿产合理勘查"双控论"与"合理域"理论与模型、不同规模矿山开发与合理生产年限的模型、"矿产勘查风险投资决策支持系统"的模型和"5R循环经济矿业可持续发展"的模型。这四项成果是针对矿产不可再生和风险勘查的特殊属性，把矿产勘查地质学、矿山地质学和矿业循环经济创新发展作为地质找矿改革理性认识的蓝本。这些成果并不是一蹴而就的，而是先有思想，然后逐渐形成，并不断完善。因为地质观点是通过地质信息分析出来的，而信息一旦变化和增加，那么就会促

---

[1] 李莉，裴荣富，李进文，等：建立合理勘查开发模拟与矿业循环经济的应用。《中国国土资源经济》，2007（11）：13。

进观点更加完善。

矿山按不同规模分为大型、中型、小型。矿山按正常生产阶段可划分为试产、达产、稳产、萎缩、补偿、闭坑和复垦七个阶段。不同规模矿山开发与合理生产年限的模型，是裴荣富通过对 25 种金属和大量矿山调查，将不同规模矿山开发与合理生产年限进行模拟。该模型将对矿山开采起到指导作用，并能评定其是否合理。根据 52 个铁矿山在模型图上的投点，已经得到 24 个情况良好的矿山。可见，已起到对矿山开发的验证作用。

裴荣富在矿产勘查原则和勘查模型的基础上，建立了矿产勘查风险投资决策支持系统，这是合理进行勘查管理的重要举措。他对国内外大量勘查投资资料，按不同勘查阶段、地质经济技术条件任务、目的、工作范围大小、工作周期、投资大小和风险比例对矿业活动决策支持系统进行模拟。明确指出：①普查阶段应以成矿地质构造背景成矿堆积环境和简要的经济技术条件试验研究为主，回答的勘查任务是何处找矿和哪里有矿，决策目的是圈出有利成矿远景区，采用的地质测量是中小比例尺，工作年限为数月或复查到数年，投入小，以不足总勘查费用的 10% 为限，风险可允许大到 100%；②矿床评价勘查阶段则以进入成矿构造聚敛场和金属成矿相详细的经济技术条件可行的初步研究为主，勘查任务是回答勘查对象是否具有工业意义，决策目的是提供现时工业意义的矿床或仅具将来意义或具有边采边探或予以否定的矿床的判断，工作范围小于几平方千米，采用大中比例尺地质测量，工作年限为一年到数年，投入中等，最多投入达总勘查费用的 25%，风险小于 50%；③矿床工业勘探阶段则以进行矿床结构构造的详细研究为主，回答矿山如何开发或暂不进行矿山建设设计，为将来提供技术储备的矿床，采用大比例尺地质测量和工作范围小于 1 平方千米，一般 1—2 年完成。这一模型对风险勘查的决策具有重要意义。根据对勘查阶段的分析认为，普查阶段风险较大，详查阶段风险减少，勘探阶段风险则更少。

2003 年 8 月，79 岁的裴荣富首先提出"中国东部危机矿山深部及外围找矿"立项申请。2004 年 9 月 6 日，时任总理温家宝主持召开第 63 次国务院常务会议，审议通过了《全国危机矿山接替资源找矿规划纲要（2004-2010）》，随后由国土资源部、财政部及发改委联合成立了全国危机矿山接替资源找矿项目管理办公室，主要针对煤、铁、锰、铅、锌、铜、金等 18 个主要矿种的国有大中型矿山企业[①]。开展全国危机矿山接替资源找矿是国家组织开展的政策扶持性的商业性地质工作。2004 年，大冶铁矿作为国土资源部危机矿山接替资源勘查唯一的铁矿试点单位启动找矿工作。在 2004 年底和 2005 年第一季度召开项目组汇报会期间，参会全体人员又提出应增补申请"中国中东部老矿（危机矿山）合理勘查、开发模拟与矿山转型以及矿城问题"的研究内容。2005 年 12 月 13 日，81 岁的裴荣富又一次来到大冶，出席全国危机矿山找矿会议，帮助大冶铁矿深度探寻宝藏。2007 年 9 月，完成中国工程院咨询项目"中国东部危机矿山深部及外围找矿"报告。

咨询报告主要包括下列五方面的咨询内容：

（1）老矿山（危机矿山）的地质－矿业分类问题：在进一步深化认识危机矿山概念与含义的基础上，提出矿山危机程度评价指标体系，结合不同类型矿床及矿山所处的地质－地理－经济区划背景，进一步深化认识危机矿山的地质－矿业分类（建立分类－分级系统），分别提出解决危机矿山存在问题的建议。

（2）固体矿产合理勘查、开发、闭坑和复垦模拟的问题：在收集和统计分析不同矿种（煤、铁、有色金属、金等）、不同规模矿山（大、中、小）的设计开采年限与超设计服务年限有关资料基础上，进一步发现地质勘查与开采验证对比过程中的新问题，以及矿山能够超设计年限服务的地质的矿山开采新信息，并进行合理勘查与开发模拟；根据矿业发展的特定属性，在矿业开发过程中，将再减量（Reduce）、再利用（Reuse）、再回收（Recycle）的"三 R"循环经济增加再发现（Rediscovery）和再复垦（Reclaimation）变为"五 R"矿业循环经济，使矿山有序地持续发展；从矿产资源利用程度和矿山资源量动态管理角度，探讨解决危机矿山问题的途径和对策。

[①] http://www.mlr.gov.cn/tdzt/zxgz/qgwjks/zywj/200603/t20060315_643162.htm. 国土资 发 [2005] 205 号：关于印发全国危机矿山接替资源找矿工作组织管理机构方案的通知。

（3）老矿山（危机矿山）深部（垂向）、边部（侧向）和外围成矿理论和找矿技术方法问题：主要探讨中国东部主要成矿带内的老矿山（危机矿山）深部（垂向）、边部（侧向）和外围成矿规律的理性认识和有效找矿的技术方法，以及国、内外找矿新认识等，涉及的内容十分广泛。咨询报告仅重点地对长江中下游铁铜矿、华北地台胶东—小秦岭金矿、南岭成矿区钨锡多金属矿、中国镍资源和白银厂铜矿、中国铀矿等老矿山隐伏矿和深部找矿已做的大量实践研究进行了总结，也对应用地质、物理、化学技术方法合理组合进行找矿的研究做了总结。

（4）老矿山（危机矿山）转型和矿业城市问题：主要探讨中国老矿山（危机矿山）矿业城市在国民经济发展中的地位，对存在的主要问题进行了分析，并对我国矿业城市可持续发展提出建议。

（5）贯彻《全国危机矿山接替资源找矿规划纲要（2004—2010）》实施的问题：对全国危机矿山接替资源找矿规划纲要实施计划（2004—2010）的六年做好全面安排，科学地选好试点，达到有序地逐步扩大实施，并总结成功实施范例。

在中国地质科学矿产资源研究所、地质研究所和地质力学、中国矿业联合会、中国地质调查局发展研究中心、核工业部地质局、甘肃省地质矿产开发局、江西省地质矿产开发局赣南地质大队和中国地质大学等单位的支持下，共组织 19 位专职研究人员，在陈毓川、叶天竺、刘玉强为科学顾问的指导下，历时 3 年，对中国中部和东部的南岭、长江中下游、秦祁昆、华北地台等几个主要成矿区带的成矿背景和已勘查的 25 个矿种的矿床和 10681 座矿山的大量资料进行搜集，对 426 座矿业城市基本情况进行调查，特别是对大量矿床地质勘查和矿山开采资料验证对比，在对危机矿山找矿成果中"深掘"（digging deeper）出成矿和有效勘查技术方法新信息进行梳理的基础上，比较系统地进行总结而完成了项目咨询报告。

咨询报告的前言和结论，由裴荣富亲自归纳完成。报告篇幅除前言和结论与建议外分五大章 30 节，附表 93 张，插图 180 幅。全文 40 余万字。全文由裴荣富统编整理，归纳提出五项主要咨询建议如下：

（1）大量老矿山均具有一定资源潜力，建议矿山在开发过程中，应居安思忧，把加强地质勘查和对矿山后续资源的再发现作为矿业可持续发展的重要举措。

（2）建议加强开展固体矿产合理勘查"双控论""合理域"的模拟、不同规模矿山开发与一定生产年限合理配置的模拟、风险勘查投资比例决策支持系统的模拟，以及矿业可持续发展"5R"循环经济的模拟。

（3）建议应从成矿流体作用、地球化学障、矿床蚀变分带和成矿作用标志探讨不同类型矿床成矿深度，提出深部找矿以1500—2000m以浅成矿作用研究以5—10km以浅和深部找矿三要素：地质为基础、物探技术是支撑、钻探工作验证是找矿实现的重要手段。

（4）建议矿业城市转型应首先开展矿产合理勘查、开发与"五R"循环经济可持续发展工作研究，并进行矿山深部和外围矿产再发现可能性评价工作，而后才是决策矿城是否转型和如何转型。

（5）建议中提出地质成矿研究是指出找矿方向的基础，物理、化学、勘探技术方法合理组合的应用是支撑，以及钻探工程的有效验证，这三点是实现危机矿山深部和外围找矿不可分割的三要素，更为重要的是要在取得实效的基础上，发现成矿新信息，为从理论上发展成矿学以及继续深化找矿提供科学依据。

该咨询报告助力于危机期的矿山，帮助许多矿山焕发出新的生命力。裴荣富曾自豪地说："第一个是要预防危机，例如我的'5R'循环经济，'再发现'就是预防。'5R'循环经济的建立对危机矿山的可持续发展很重要。"

编制世界矿产资源图

编制《1:25M世界大型–超大型成矿图》

基于"同一个地球，同一个地质"的思想认识，多年活跃在国际地质舞台上的裴荣富十分认同各国地质工作间具有很强关联性与参照价值的观点。因此，中国的地质工作在立足本国的基础上，应更积极走向全球，去了解国际新技术、新方法、新动向，才能长足发展。裴荣富看到，现在中国的地质工作尽管在国际上很活跃，但存在一定的风险。比如，对即将开展工作的地域较陌生，不熟悉其地质情况，不深入洞悉其地质发展等。这些专业方面的知识不完备易导致时有投入大、收益小的情形发生。因此，中国地质工作者积极参加国际性工作，可为中国企业提供更有保障的智力支持。

世界地质图委员会（Commission for the Geological Map of World，CGMW）是在 1881 年意大利波伦亚召开的第二届国际地质大会期间成立的，是国际上最老的科学组织。它的目的是发展和组织出版小比例尺的世界大陆和海洋的综合地质图件。

裴荣富曾在 1989 年在美国召开的第 28 届国际地质大会上参与世界地质图委员会的工作。当时俄罗斯科学院院士 D.V. 荣奎斯特担任编制世界地质图类成矿的"1：1000 万全球前寒武纪成矿分带图"项目，特别邀请裴荣富参加，负责亚洲幅前寒武纪成矿分带图（1：1000 万）项目。亚洲幅包括东亚、中亚、南亚，还有苏联远东。与会专家对苏联远东金矿进行了考察。

受"前寒武纪成矿分带图"的启发，裴荣富想：如果有世界大型－超大型的成矿图，就可以很好地指导中国企业进行地质经济活动。毕竟大型

图 9-1　前寒武纪成矿作用项目鉴定会合影留念（左三：裴荣富，左四：沈其韩，左五：陈毓川）

超大型矿床具有丰富的矿产储量和特殊的成矿特征，其经济价值及战略意义巨大。据粗略统计，大型超（特）大型矿床的数量仅占矿床总数的5%—10%，却提供了全球矿产资源储量的30%—50%，对一个国家乃至全球经济和社会的可持续发展具有举足轻重的作用。裴荣富开

图 9-2　裴荣富与 D.V. 荣奎斯特院士一起考察远东金矿
（右三裴荣富）

始准备向世界地质图委员会申请类似的全球项目。

　　由于裴荣富参与了"前寒武纪成矿分带图"项目，在世界地质图委员会有了一定的基础。同时，裴荣富在国内研究超大矿有很多成果，他的"中国特大型矿床成矿偏在性与异常成矿构造聚敛场"在国际上比较有知名度，这也为他申请编制世界大型－超大型成矿图奠定了非常重要的基础。于是，裴荣富计划申请编制全球的世界大型－超大型的成矿图。

　　2000年8月，世界地质图委员会批准设立国际合作项目"1∶25M World Metallogenic Map of Large and Superlarge Deposits"。裴荣富任首席科学家，主要研究人员有梅燕雄（中国）、D.V.荣奎斯特（俄罗斯）、S.V.契尔卡索夫（俄罗斯）、E.扎布提尼（阿根廷）、叶锦华（中国）、李进文（中国）、邱小平（中国）、E.哈姆贝克（南非）、J.库提纳（美国）、J.德尔康特（印度）等。以中国科学家为首，首次在国际上主编世界大型、超大型矿床成矿图，不仅可以扩大中国在全球成矿和大型、超大型矿床研究方面的国际影响，深化全球成矿规律研究，同时，通过国际交流与合作，为全球矿产资源战略研究和世界未查明矿产资源预测评价奠定地质科学基础。通过五年多的编图和研究工作，筛选出全球121个国家22个矿种的445个大型、超大型矿床，并按大陆裂解增生、大洋开合的最新板块构造

理论划分出五类地质构造背景和 39 种成矿构造环境，在此基础上提出了四大成矿构造域、21 个巨型成矿带。

据裴荣富介绍，裴荣富他们先编出了构造背景图，然后在最新的构造背景图和地质图上把这些矿投射到这个图上，将这个图的成矿带分成四大成矿域、21 个巨型成矿带。他们还总结出全球成矿的统一性、不同大区的专属性、大矿的背景类型元素的偏在性、异常超大矿的异常性四个规律。该成果被誉为"首次在全球完成的大型－超大型矿成矿体系"，达到国际先进和部分领先水平。2009 年 1 月，地质出版社正式出版《1∶25M 世界大型－超大型的成矿图》及说明书（中英文版）。该图受到时任国土资源部部长徐绍史的认同，并评价是一项非常重要的成果，将有力促进对成矿规律的认识和对资源的战略评价。

世界地质图委员会计划在全球范围正式发布《1∶2500 万世界大型超大型矿床成矿图》（英文版），这将会使本项成果的应用范围扩展到全球地质学界，在发展全球成矿学、寻找大型超大型矿床等方面具有世界性的指导意义。

与此同时，中国地质调查局地质调查工作项目"《1∶2500 万世界大型－超大型矿床成矿图》编制及全球成矿规律研究与评价"也在进行，也

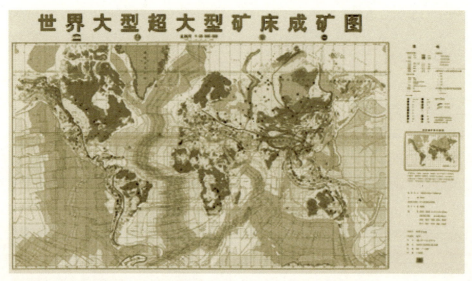

图 9-3　1∶25M 世界大型－超大型成矿图

是世界地质图委员会在 21 世纪批准设立的首个矿产资源编图国际合作项目，起止时间为 2000—2008 年。通过八年多的编图研究工作，取得以下主要成果：

（1）提出客观实用的大型－超大型矿床划分全球标准，从全球 1285 个主要矿床中筛选出 445 个大型超大型

图 9-4 《1∶2500 万世界大型—超大型矿床成矿图》图册及说明书（中英文版）

矿床，建立具有国际权威的世界大型超大型矿床数据库。

（2）以世界地质图委员会为国际合作平台，首次编制完成数字化的《1∶2500 万世界大型超大型矿床成矿图》，填补了国内外空白。

（3）根据大陆裂解增生、大洋开启闭合、洋陆相互作用及其地质演化特征，结合全球地质构造背景与成矿特征，首次在全球大陆范围划分出四大成矿域和 21 个巨型成矿区带，提出全球成矿统一性、不同区域成矿特殊性、大型超大型矿床成矿偏在性和异常成矿作用等新认识，深化全球成矿规律研究。

（4）在编图研究基础上，对世界主要类型矿产资源和各大洲矿产资源进行了战略评价，研究探讨了中国矿产资源战略问题。

经国土资源部审定，成果荣获 2013 年度国土资源科学技术奖二等奖。根据国土资源部发布的公告，2013 年度国土资源科学技术奖获奖项目 69 项，其中一等奖 14 项、二等奖 55 项。

编制《海洋矿产资源图》

海洋占地球总面积 71%，拥有巨大的有待开发的矿产资源。海洋矿产资源又名海底矿产资源，包括海滨、浅海、深海、大洋盆地和洋中脊底部的各类矿产资源。按矿床成因和赋存状况分为：①砂矿，如砂金、砂铂、

金刚石、砂锡与砂铁矿，以及钛铁石与锆石、金红石与独居石等共生复合型砂矿；②海底自生矿产，如磷灰石、海绿石、重晶石、海底锰结核及海底多金属热液矿（以锌、铜为主）；③海底固结岩中的矿产，如海底油气资源、硫矿及煤等。在海洋矿产资源中，以海底油气资源、海底锰结核及海滨复合型砂矿经济意义最大。

裴荣富在完成《1∶25M 世界大型－超大型的成矿图》编制的项目后，准备继续做海洋矿产资源图。2008 年 8 月，裴荣富出席地质图类委员会年会，申请此项目。世界地质图委员会批准设立了矿产资源编图国际合作项目"1∶2500 万世界海洋矿产资源图"。

该图范围涵盖太平洋、大西洋、印度洋、北冰洋，以及中国南海、地中海、阿拉伯海等附属海和大陆边缘海，矿产内容包括石油、天然气、天然气水合物、磷、多金属结核、富钴结壳、热液硫化物矿床等。

据裴荣富介绍，新的大地构造理论认为洋陆构造演化规律如下：首先是海底大洋扩张，大陆裂解、离散，洋中脊形成，洋壳向陆缘消减，使大陆汇聚、对接、碰撞和陆壳增生。全球成矿都是遵循大陆裂解、大洋开合、大洋消减、大陆汇聚碰撞、大陆增生这样的规律而演化的，要依据这个规律重新探讨全球的成矿。裴荣富使"统一性、专属性、偏在性、异常性和后成性"的五大规律又有了新的发展。

五年来，经过多次项目会议，已编制完成了新的 1∶2500 万世界海洋地质构造背景图，初步划分出八个大板块、十个小（微）板块和 133 个海洋地貌单元；初步完成了世界海洋矿产资源图，标示了矿产资源种类、时代、成因等主要属性，并在各大洋厘定了巨型资源。

项目组在编图的基础上，从全球的角度总结世界海洋矿产资源的分布特征及形成规律，初步构建了大洋成矿体系。开展海洋矿产资源相关研究，对我国经济发展具有巨大而深远的意义，具体来说，有以下几点：

（1）世界主要海洋矿产资源综合研究，将对石油、天然气、天然气水合物、磷、多金属结核、富钴结壳、多金属硫化物等主要海洋矿产资源的地质特征和成因进行综合研究，划分资源富集带，总结其时空分布规律，简要评述其潜在资源量、勘查研究现状及开发利用前景。

图 9-5　裴荣富参加世界海洋矿产资源图项目工作会议（左二裴荣富）

（2）世界不同大洋矿产资源综合研究，将对四大洋和中国毗连海域的地理地貌特征、地质构造背景、矿产资源特征进行综合研究，划分综合的矿产资源富集带，总结其时空分布规律，简要评述其潜在资源量、勘查研究现状及开发利用前景。

（3）大洋成矿体系综合研究，将在总结各大洋成矿特征及成矿体系的基础上，构建全球性的大洋成矿体系，探讨大洋成矿体系与大陆成矿体系的相互关系，提出我国开发海洋矿产资源的全球战略和政策建议。

（4）海底热液系统的成矿作用和古今对比，将开展陆—洋成矿对比，探讨泛大陆—泛大洋裂解、增生的动态演化，探讨洋中脊、海底、沟—弧—盆、大陆岩浆流体以及地幔气等不同系统的热水对成矿的贡献。通过我国和国际海洋考察船获得的大洋热液硫化物样品，开展热液性质、热水与海水混合过程分析，进行高温高压流动体系实验和海底热液与大陆火山岩容矿块状硫化物矿床对比，以以今证古和以古论今的思维拓展全球找矿方向。

2014 年 2 月 19—24 日，应世界地质图委员会主席 P. 罗西的邀请，裴荣富、梅燕雄[①]赴法国巴黎，参加在联合国教科文组织总部举行的世界

---

①　梅燕雄，中国地质科学院矿产资源所研究员，区域成矿学和矿产资源评价专家。

图 9-6　世界地质图委员会全体会议上《1:2500 万世界海洋矿产资源图》（草图）前留影（左梅燕雄，右裴荣富）

地质图委员会全体会议，汇报承担的国际合作编图项目"1:2500万世界海洋矿产资源图"工作进展，向外国专家展示新编的《1:2500万世界海洋矿产资源图》（草图）。

会议期间，裴荣富院士、梅燕雄研究员与世界地质图委员会成矿图分委员会主席 E. 扎布提尼、俄罗斯科学家 S. 契尔卡索夫讨论了合作编制《世界矿产资源图集》事宜。双方商定，将在世界地质图委员会框架下，以中国、俄罗斯、阿根廷为主，联合美国、加拿大、法国等国科学家，合作编制《1:1000万世界矿产资源图》，并开展全球海陆成矿规律研究，此举对我国更好地"走出去"开展境外矿产资源勘查开发具有重要战略意义。

编制《1:1000万亚洲成矿图》

2010 年世界地质图委员会在审议裴荣富等研究人员 2006 年提交的立项建议和 2008 年提交的项目可行性报告的基础上，正式批准以裴荣富为首席科学家编制《1:1000 万亚洲成矿图》。

据裴荣富回忆，当初亚洲成矿图项目的立项并不容易。虽然有不同单位也申请这个项目，但世界地质图委员会主席 Rossy 完全赞成该项目由裴荣富及其团队承担。理由是他们已完成全球成矿图，同时还联系有际洲的非洲、南美洲成矿图，以及即将与欧洲、北美洲和大洋洲共计全球六大洲联合绘制全球 1000 万成矿图案[1]。

---

① 裴荣富访谈，2012 年 12 月 10 日，北京。资料存于采集工程数据库。

裴荣富和梅燕雄承担的《1:1000万亚洲成矿图》项目是中国地质调查局地质调查工作项目，也是世界地质图委员会批准设立的矿产资源编图国际合作项目，在2011—2013年实施。当时经过多次研讨会，一致认为该项目开局良好，研究团队

图9–7　世界地质图委员会（CGMW）全体大会会场

精干稳定，国内外合作框架基本建立，文献资料调研分析和基础图件收集整理工作基本完成，亚洲矿床数据库框架初步建立。2012年，在现有工作的基础上，建立亚洲矿床数据库，编制亚洲地质构造背景图。

70年奋斗　再获荣誉

获中国地质科学院新华联科技杰出成就奖

2012年，新华联集团向中国地质科学院捐赠了1000万元设立科技奖励基金，专门奖励中国地质科学院对找矿和地质科技发展做出重要贡献的优秀科技人员。中国地质科学院新华联科技奖设立杰出成就奖和突出贡献奖两个奖项，杰出成就奖每年奖励五人，突出贡献奖每年奖励十人。按照《中国地质科学院新华联科技奖励条例》，中国地质科学院成立了科学技术委员会，每年一次评选年度杰出成就奖和突出贡献奖。

2013年1月12日，第二届中国地质科学院新华联科技奖评选会在北京召开，与会24名专家通过仔细审阅申报材料和充分讨论，经投票产生五位杰出成就奖和九位突出贡献奖获得者。2013年5月6日裴荣富获中国地质科学院新华联科技杰出成就奖。

荣获第十届光华工程科技奖

图9-8　裴荣富荣获光华工程科技奖
第十届工程奖

光华工程科技奖是1996年经国家科技奖励办公室批准的一项社会力量科技奖项，2002年再次获科技部批准，并在原设"工程奖"的基础上增设"成就奖""青年奖"，用以表彰那些在工程科学领域做出过重要贡献和成就的工程研究人员，这也是我国社会力量设立的中国工程界的最高奖项，旨在对工程科技及管理领域取得突出成绩和重要贡献的中国工程师、科学家给予奖励，激励他们从事工程科技研究、发展、应用的积极性和创造性，促进其工作顺利开展，以取得更大成果。该奖由全国政协副主席、两院院士朱光亚先生，台湾实业家陈由豪先生、杜俊元先生和尹衍梁先生共同捐资，由中国工程院负责评奖的具体工作。该奖每两年评选一次，每次产生的一名"光华成就奖"得主将获得百万元人民币的奖金，创下了我国工程科技界奖金额的最高纪录。"工程奖"，每人奖金15万元；"青年奖"，每人奖金10万元。包括居住在台、港、澳及侨居他国的所有中国籍工程师和科学家，凡是在工程科学技术及管理领域做出重要贡献和杰出成就的，都可参与"光华工程科技奖"的评选。迄今共奖励了涉及机械、运载、信息、电子、化工、冶金、材料、能源、矿业、土木、水利、建筑、环境、轻纺、农业、医药、卫生、管理等工程领域的173位院士和专家。

2014年6月11日，第十届光华工程科技奖在北京颁发，共有29位院士和专家获奖，五名地学家入围奖项。裴荣富荣获光华工程科技奖第十届工程奖。

耄耋之年　研究不止

裴荣富虽然现在是年过九旬的老人，但思维还非常活跃。从前裴荣富讲话可以说是滔滔不绝，不仅用中文，而且英文讲得很流利。他在 50 岁前一直做野外工作。如今年事已高，精力有限，体力也有限，所以不能像年轻时那样在野外工作。裴荣富说，现在没有这个体力了，同时别人也怕有危险，不让他上山了。但是，他可以继续做工作，想把他已有的成就继续发挥下去。他提出了今后要做的四项主要研究工作[①]。

第一，超（特）大型矿床，国际上称为世界级的，资源储量巨大，只要找到它的 5%—10% 就可以解决世界 30%—50% 的资源需求。裴荣富现在又提出了顶峰矿（Peak Mineral），这是在 2012 年第 34 届国际地质大会提出来的。这个顶峰矿更是少见，发现的概率更小，虽然它是顶峰矿，但绝对不是说这个矿是孤立的，它是在一定的成矿背景下，由小矿逐渐出现的，因而裴荣富还要研究它。研究的方法就是用"定量法"，运用它量变的量级，划分出分级，不仅是一个类型的划分，裴荣富提出这样一个观点："找这个顶峰矿，先做与构造岩浆有关的。"[②] 与构造岩浆有关的是三类，一个是与酸性岩浆有关，形成氧化铁铜金（IOCG）类型的矿床；另一个与中性岩浆有关，形成一个氧化钼锡钨（MOTT）类型的矿床；一个与基性岩浆有关，形成氧化硫铜镍（SDCN）类型的矿床。裴荣富将这三大系列的矿床，按不同重量级模式化以后，建立了模型，之后再将它们建立成两个一对、三个一组、四个一列、五个一群，然后再按"对""组""列""群"的模型找矿。按这个办法来扩大找矿的范围，这是裴荣富的设想和发展。

第二，裴荣富已经编完了世界大型 - 超大型成矿图，也完成了世界海洋成矿图，还完成了亚洲的成矿图。他编图并不是为编图而编图，是利

---

① 裴荣富访谈，2012 年 5 月 14 日，北京。资料存于采集工程数据库。

② 裴荣富访谈，2012 年 10 月 11 日，北京。存地同上。

用编好的图来找矿，通过编图，找到它的规律以后，再找超大矿。如何找矿？裴荣富将用他上面提到的办法——利用矿床（点）在区域等量、等密度分布的聚类路径、成矿轨迹追踪，再结合地球化学块体浓集轨迹来找。这就需要大量的野外工作，他希望研究生有志者来和他合作，按照他的思路来做找超大矿的工作。

第三，裴荣富根据"双控论""合理域"的勘探方法，已经建立了四个模型："双控论""合理域"的科学技术模型、合理开发年限的模型、风险投资决策的模型、"5R"循环经济的模型。裴荣富对这四个模型还要进一步研究，从地质的、技术的、环境的、经济的四个方面进行模式化，即"四元模式化"并建成智能化，来指导找矿突破的工作。

第四，构造岩浆成矿问题，研究岩体的热年代学、冷速率和热效应与成矿强度。裴荣富认为：现在我国东部和西部与构造岩浆有关的矿藏是相当大的，现在做构造岩浆成矿研究这类工作的人有很多，做岩石学、矿物学研究的人也很多，可是做岩体地质学的人却很少。裴荣富现在就要发展做岩体地质学，如有关岩体的规模、形态，岩体的组合、大小，岩体各方面的组合关系，等等，特别是他重点做的是岩体的热年代学。裴荣富介绍：冷速率与热效应是反相关，热效应与成矿的强度是正相关。这个工作需要大量的野外工作和大量的测试技术的分析，裴荣富现在提出了大致的研究方向，有待进一步发展。

第五，海陆成矿规律系列编图引导找矿突破。他更新的板块构造理论：大洋增生、大陆裂解离散、洋中脊形成、洋壳向陆缘消减、陆壳汇集、对接、碰撞、大陆增生的全球变化的洋环陆、洋中陆和陆中江湖海的演化规律，并从历史演化以今证古、从古论今的视角，辩证地总结成矿规律。

这些都是他近几年提出来的研究方向，也是他未完成的工作，希望能跟有志者合作，一起突破。裴荣富干劲十足，他笑呵呵地说："我年龄虽然大了，但我依然有很多新的认知，老中青相结合，将使我晚年还能为找矿事业多做贡献。"[1]

---

[1] 裴荣富访谈，2012 年 10 月 11 日，北京。资料存于采集工程数据库。

结　语
裴荣富学术成长因素分析

　　裴荣富，一个贫困家庭中长大的孩子，成长为中国工程院院士、地质科学家，获得国际矿床成因协会授予的"终身荣誉"称号殊荣。常言道："不积跬步，无以至千里；不积小流，无以成江河。"通过一系列采集工作，我们对裴荣富学术成长的特点进行了总结。

得益于家庭，能一直坚持读书

　　不读书，是不可能走入科学殿堂的。裴荣富有机会一直读书，得益于家里的支持和自己的勤奋努力。裴父是一名普通的小职员，没有太多的文化，但是颠沛流离的生活使裴父有了很多社会阅历，他接触过一些有学问的有钱人，很早就觉得念书做学问才能真正地改变命运，因此把三个孩子都送到私塾和学堂接受教育。裴父去世后，家里的经济状况逐渐窘迫，上中学后的两个哥哥不得已相继辍学。裴母也曾想让裴荣富去学习做买卖，但两个哥哥因为自己不能读书而把希望寄托在裴荣富身上，希望他可以上大学，甚至去留学，自己愿意承担养家的任务。在哥哥的支持下，裴荣富没有放弃学业，同时，由于他也接触过一些西方先进的知识，对此非常好奇，更想通过读书来改变自己。即便在裴荣富经常被催缴学费产生自卑情绪时，裴母仍鼓励他好好读书。当家里条件好转时，哥哥们便支持他去北平上学。于是，裴荣富一直坚持念书，直到考上北京师范大学地学系，后又转到清华大学地学系。正因为家庭的支持，裴荣富的求学之路才得以完成，而清华大学的教育为裴荣富在专业上的长足发展奠定了很好的基础。

爱运动，身体素质好

裴荣富喜爱运动，因此身体素质非常好。他从小和哥哥们一起做体育运动。在高中时期，经常代表学校参加球类比赛。在北京师大时，他经常打排球和踢足球，还担任过校队的队长。在清华大学求学期间，他参加了铁马体育队，后成为篮球校队队长。身体是革命的本钱，裴荣富身体素质好，为之后的野外地质工作打下了坚实的基础。野外工作是地质工作的基础，只有野外工作才能提供地质工作的原始数据，这也是由行业特色决定的。野外的条件是艰苦的，经常风餐露宿，而且需要跑路线、采样品、描述地质现象等，要做的工作很多，这必须有体力。裴荣富凭借好的身体素质长年累月地在野外跑，进行野外工作。这种野外工作对裴荣富的成功发挥了重大作用。

有良师益友的帮助

良师益友利于行。裴荣富在学术成长过程中，受到很多良师益友的指导和帮助。在北师大期间，裴荣富第一次认识了裴文中、何作霖等知名教授；在清华大学时，地学系的地质组只有七名学生，但学校配备了很多专家型的教授，比如袁复礼、孟宪民、何作霖、冯景兰、张席禔、杨遵仪等。正所谓"名师出高徒"，这种精英式教育为裴荣富的专业发展打下了扎实的基础。裴荣富与老师关系好，得到了更多的言传身教。先后跟随很多国内知名地质专家工作，接受他们的专业指导。比如，入行时，跟随地质界的前辈程裕淇、宋叔和、王曰伦进行区域地质调查工作；在金属处工作时，跟随赵家骧审批勘探设计；在地质部矿物原料研究所时，跟随孟宪民组织地质会议；后与陈毓川一起从事科研项目，并领导研究所的工作等。之后，程裕淇和宋叔和还在中国科学院院士增选中推荐了裴荣富。如此多的良师益友，不仅教会了裴荣富如何正确地做地质工作，还潜移默化地影响了裴荣富追求科学的态度。裴荣富还接触到一些国外的专家，和日本专家森田日子次、苏联专家扎鲍罗夫斯基等人一起工作过，也增长了不少见识。裴荣富在这些有资历的教师和专家的帮助下迅速成长起来。

树立了正确的人生观

裴荣富从旧社会走来，目睹并亲身经历了新中国成立初期的百废待兴与欣欣向荣，表现出很强烈的爱国热情和进步的思想。在日本侵华期间，裴荣富的家乡被占领了，他亲历了在沦陷区生活的窘迫以及无法到后方去的苦恼，对日本的侵略有强烈的反抗意识，崇拜那些有气节的老师。抗日战争结束后，国民政府歧视沦陷区学生，裴荣富对国民政府的统治产生了反抗和抵触情绪；在清华大学期间，裴荣富接受到新文化、新思想的影响，和其他学生一起参加各种游行活动，在"反饥饿，反内战"的过程中受到很大的启发。裴荣富看到了中国共产党领导的革命工作的重要性，更加坚定了自己的人生观、价值观。1948年年底，裴荣富大学毕业时，放弃到云南个旧锡矿的工作机会。因为当时个旧是由国民党控制的，裴荣富觉得不能去。他曾这样回忆："我意识到国民党政府也不会长久了，未来的希望不在那里，所以我就没去。"很快，中国共产党接管了北平地质调查局。1949年3月，裴荣富经推荐进入北平地质调查所，是中国共产党接手地质调查所后的第一批工作人员。他随新中国的地质事业共同成长，不仅成为一名优秀的共产党员，同时也成长为一名中国工程院院士。

科学思想和科学方法

裴荣富院士借用了"白马非马"的哲学概念，作为他科学思想。"白马"是个性的，"马"是共性的。他认为，地质工作是对自然现象的一个探索，是根据观察到的实践产生的看法，就像盲人摸象，得到的信息越全面，思维越客观，地质工作结果就越准确。因此，他在研究中很注重个性向共性发展的思维方法。他用比对的方法发展出类型的模型概念，将对一个矿的研究，归纳在一组矿床，进而归纳在一类矿床的研究范畴内；又将对国内矿床研究归纳在全球性矿床研究范畴内；进一步将矿床地质研究归纳在地球物理研究范畴内。根据 60 年的从业经验，总结出"DECUT"的综合研究方法。D（Description）意为通过大量野外地质观察，对客观的质体真实地描述，这是地质工作的基础；E（Experiment）意为应用各种测试技术的实验，是在野外地质观察基础上锦上添花；C（Contrast）意为相关，必须通过区、省、国内外对比，才能避免坐井观天；然后才能达到 U（Understanding），即理解成矿，达到知其所以然，为找矿指出方向；最后是 T（Theoretical），即将知其所以然上升为理论高度。

行胜于言　扎根于野外工作

裴荣富自从 1943 年上大学地质系算作从事地质工作的开始，迄今已达 70 余年，他主张的科学研究方法"DECUT"的第一个字母 D，指的就是野外工作。野外的条件非常艰苦，需要体能和意志力，需要年轻力壮才可以担当。尤其是在新中国成立初期的野外工作中，基本上是靠两条腿踏遍青山，矿点的地方几乎都没有路，也没有通车。四周光秃秃的，方圆几十里地没有人烟。在野外风餐露宿，十分艰苦。但裴荣富年轻时为了追踪地质现象，经常走几十千米的山路。他有一句话："没有野外，就没有地质。"他参加过很多的勘探项目，比如南岭项目、华北地缘项目、特大型矿项目等，特别是他参与 429 和 304 地质勘查队，尤其是他领导了援苏丹铬铁矿地质队，积累了非常丰富的野外地质知识，实践能力特别强，不仅善于观察发现信息，而且把勘探结果和目标结合得很紧密。裴荣富坚持野外工作直到 50 岁，80—90 岁仍在做野外地质考察，在他的办公室里积累最多的就是野外工作笔记。从某种意义上说，野外工作的实践其实就是专业学术成长的基点，是以后地质工作及科研事业发展的源头。裴荣富能成为中国工程院院士，值得骄傲的就是具有诸多工程背景。他曾经说："工程背景是我的最大优势。"虽然他现在年纪大了，不能满山遍野地走了，但他建议青年地质工作者要重视野外工作实践，他曾经说："要是野外工作都不做，作为一个地质工作者就不够格。"

图结 –1　2013 年，裴荣富在北京威克霍各庄南矿考察

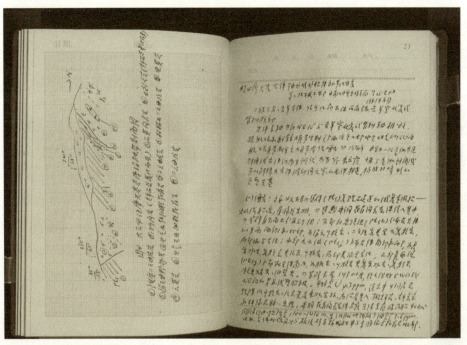

图结 –2　裴荣富的野外工作笔记

结语　裴荣富学术成长因素分析　　**143**

客观包容的科学态度

裴荣富认为，地质本身是客观的，是一门科学，但不确定性非常强，它是根据信息的多少来进行判断和认识，容不得弄虚作假，做数据文章。他坚持实践是检验真理的标准，因此特别注重地质工作中的野外实践。但是他的学术观点是非常开放的，只要有比他高明的观点，他都非常愿意接受。他认为学术是可以讨论的。他在苏联专家面前敢于提出自己的疑问。他尊重前辈但是不盲从学术观点，孟宪民先生支持同生矿物论，希望他能在野外找到同生论的证据，但裴荣富坚持以客观的野外的勘查结果为依据，并不盲目认同同生论。在科研过程中裴荣富认为不是为了勘查而勘查，而是为矿山开发做准备，不应局限于研究矿产本身，而是要研究它的成因；不应仅研究地质学，还应研究相关的地球物理学、地球化学、大气科学以及海洋科学。裴荣富性格开朗，乐于接受别人的新见解，这种性格使裴荣富领导的团队具有良好的学术氛围，大家互相学习，各抒己见，团结协作，取得了丰硕的科研成果。

言传身教培养人才

裴荣富除了做好自己的研究，还承担了人才培养的工作。虽然，他所在的地科院带学生是受名额限制的，但是他的学生在地科院是最多的，包括硕士、博士，一共有四五十人。起初招收的学生是综合地质普查勘探方法专业的学生，后来改为矿床地质和找大矿方向的学生。对于学生，他纠正了他们所谓"学地质能游山玩水"的错误入学目标，引导学生树立科学目标：地质工作要有一定的实践基础，最后能为国家的建设做出贡献。他传授了"DECUT"的综合地质方法，希望学生能做到这些方面。他重点提出开展野外工作的重要性，要求学生们踏踏实实跑野外，认认真真做学问，宁可少做"曲线文章"，也要做好"野外素描"。他还亲自带学生一起参与在野外的科研项目，当他年事已高时，就安排学生参与或负责部分项目，以锻炼他们的野外实践能力。裴荣富不要求他们一定要按自己的指导去做，而是让他们发挥各自的能力，并有自己的思考空间。裴荣富培养的学生都在岗位上取得了很好的成绩，并得到同行的认可。国土资源部的两届总工程师钟自然和国务院参事张洪涛都是他的学生。近年，针对学地质的女生增多的情况，他尖锐地指出："应该跟男同志一样做这个野外工作实践，否则，无法达到最高境界。"裴荣富殷切希望学生能在工作上有突破。

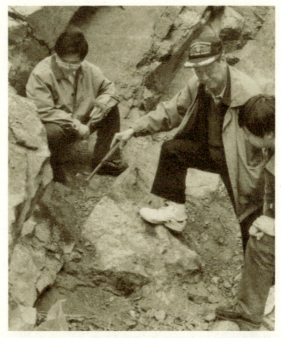

图结-3　裴荣富在野外指导博士生进行矿产地质研究
（中为裴荣富）

图结-4　2012年8月，裴荣富在山东莱芜铁矿指导学生

良好的工作环境提供了成长的土壤

裴荣富在学术成长上，得到了组织上精心的引导和安排。组织给他提供了逐步发展的学术土壤，在不同阶段提供不同的机遇，使他在一个岗位熟悉业务后，拓展其他的专业能力，使他的知识和视野更为全面。

1949 年 3 月，裴荣富进入了北平地质调查所工作，由于他没有系统地进行过野外地质考察，缺少实践经验，而留用的日本地质专家森田日子次对于我国煤矿、铁矿、菱镁矿非常熟悉，所以北平地质调查所特意安排他和森田日子次到山西大同进行为期一年的考察。通过这次考察，裴荣富由一名学生成长为真正的技术员，具备了独立完成区域调查的能力。随后，所里安排裴荣富先后加入了东北地质队，五台山区调，429、304 地质队。这些地质队都有著名的专家，尤其是 429 地质队的综合素质是当时全国首屈一指的，业界对其有很高的评价。裴荣富由此逐渐接触更多的专家、更重要的项目，并逐渐开始负责工作。当裴荣富调回北京时，组织上安排他在地质部矿产司黑色金属处任工程师，由他负责技术管理的工作，这样锻炼了他的管理能力，于是，他运用前些年积累的实践能力，指导了七大矿山的地质勘查。地质部成立后，裴荣富开始他的专业研究。刚开始研究的是矿床地质和普查勘探，他在程裕淇的指导下重点研究铁矿，并对过去10 年调查的铁矿类型进行了总结，还共同编写《十年来的地质科学》中的"铁矿地质学"一章。此时，裴荣富学习到系统性总结类型的重要性，也锻炼了论著编写的能力。当裴荣富开始研究综合地质普查勘探方法时，组织上安排他到国外考察先进科学技术。这样，裴荣富走出国门了，并把国外经验带回国运用，在云南取得了很好的效果。裴荣富逐渐成长为专家，并很快被委以重任，比如作为地质队总工程师援助苏丹。苏丹的成功援助为裴荣富赢得了国际声誉。回国后，组织上安排裴荣富承担研究所的领导工作。地质部矿床地质研究所是国内地质研究很有影响力且级别极高的平台，集聚了大量优秀人才。裴荣富逐步带领团队负责国家、部级等各种课题，锻炼了带团队搞科研的能力，同时取得了很好的勘探成绩，并提出了四个科学技术模型以及多个创造性极强的学术理论，比如等级体制成矿、异常学说等。基于这个平台，裴荣富等人代表中国参加了广泛的国际活动，他们的学术见解和水平被国际上广泛认同。于是，裴荣富开始了国际合作，并担任项目的首席科学家，最终成为国际矿床成因协会的副主席、主席，并获得终身荣誉会员殊荣。裴荣富的这些成就，与良好的工作环境分不开，他在这种土壤里成长，并为这种土壤施肥，两者形成良性循环。

珍惜每一次机会，善于积累和创新

裴荣富珍惜自己工作中的每一次机会和经历，在学术上边积累边创新。得益于清华的启发式教育，裴荣富的创新能力很强，在学术领域里，他通常可以由此及彼，触类旁通，并针对现实的困难，提出创新型解决方案。比如，他与程裕淇等人对过去10年调查的铁矿类型进行了总结，还共同编写《十年来的地质科学》中的"铁矿地质学"一章，懂得了模型的重要性。裴荣富为主编，有28个科研、教学及生产单位的专家学者参加编写《中国矿床模式》一书，用矿床模式做成的模型做对比来找类似的矿，首次归纳出国内找矿具有普适性的模式。他在南岭项目中首次提出了矿床成矿系列的概念，在华北北缘项目中提出金属成矿省等级体制、成矿与演化的重要学术观点，是矿床学的突破。他在特大矿项目中创立异常成矿学说，把特大型矿床偏在性和异常成矿构造聚敛场的学术观点作为寻找特大型矿床的最佳途径。他总结了四个科学模型，即固体矿产合理勘查的"双控论"和"合理域"模型、不同规模矿山开发与合理生产年限的模型、矿产勘查风险投资决策支持系统的模型、矿业可持续发展的"5R"循环经济的模型，用以解决急剧增长的矿产需求和日渐枯竭的资源供应之间尖锐的矛盾，这仅是裴荣富积累并创新的部分成果。从这些成果中，我们可以看出裴荣富正是按达尔文对科学的定义去做的——"科学就是整理事实，从中发现规律，做出结论。"

外语能力强，使他有更多机会

裴荣富掌握两门外语——英语、日语，能看懂国外资料，向国外专家学习，为他走向国际舞台提供了便利。

　　裴荣富的英语最早是由哥哥启蒙的。哥哥告诉他，做管事的先生们及工程师们不但有高深的学问，而且都会讲外文。所以，在裴荣富尚未入学时，就预先教他识方块字、念英文字母。高中时期，尽管生活困难，哥哥仍然鼓励他读书，加上他对西洋技术有兴趣，努力地学习，所以有较高的英文水平。大学期间，裴荣富凭借英语优势，阅读了大量英文资料，因此储备了很好的专业基础和技能。

　　裴荣富有一定的日文基础。日本在侵略中国期间，在侵占区增设日语课程，裴荣富接触到日语，但当时以为学日文就是亡国奴，所以并没有认真学习，仍以英文为主。抗日战争结束后，中国留用了一些日本专家，裴荣富凭借自己原来的一点基础学了日文，他说："那个时候学日文就觉得也不是没有用的，所以就学了日文。"新中国成立后，程裕淇等老专家看日本文献的时候，经常让裴荣富去给他们翻译，这样他看了很多的日文资料。

　　随着国际学术交流的增加，裴荣富的外语能力发挥出了作用，他可以自如地同各国专家深入交流，在国际学术会议上发表观点，轻松主持国际会议，去国外大学讲学。当语言不是问题时，裴荣富凭借学术能力创造了他的国际影响力。

图结 -5　88 岁的裴荣富在第 34 届国际地质大会上主持大矿 – 超大矿专题会议

附录一　裴荣富年表

1924 年

8 月 24 日（农历六月二十八），出生于河北省临榆县秦皇岛镇（现秦皇岛市）。在家排行第三，兄弟姐妹共四人。父裴广济，母王氏。兄弟几个按照年龄顺序依次为：裴永才、裴永华、裴永富、裴素玉（女）。裴永富即裴荣富。参加工作后改用裴荣富，意为繁荣富强。

裴广济（1882—1834），生于山东聊城于集乡席庙村。早年携家来到河北临榆，留在秦皇岛开滦矿务局工作，是一名负责设备管理的小职员。

1931 年

9 月，进入河北省临榆县立小学读书，学习成绩优异。

1932 年

妹妹裴素玉出生。
家庭经济条件开始衰落。

1934 年

父裴广济去世，家庭生活逐年陷入困境，母亲建议裴荣富随舅舅王玉东（商务会长）学做生意，以减轻家庭负担，但裴荣富志愿意求学拒绝学商，在亲戚的帮助下继续学业。

1937 年

7 月，小学毕业。

9 月，进入河北省临榆县立初级中学就读。

1940 年

8 月，从河北省临榆县初级中学毕业。

报考北京四中（公立）、志诚中学（私立）、河北省立北平高级中学（公立），均被录取。但是考虑到学费和生活费，最终选择在河北省立北平高级中学就读。

9 月，入学河北省立北平高级中学。

1942 年

日本强占了开滦矿务局并且改组、裁并机构与人事，大哥裴永才与二哥裴永华被裁而失业。裴荣富欲到后方去寻求出路，苦于没有路费未能成行。

1943 年

8 月，从河北省立北平高级中学毕业，同时报考了辅仁大学生物系、北平大学农田水利系、北平师范大学地学系，均被录取，其中师范大学地学系仅录取 13 人，裴荣富名列第一。因他对地质和矿业感兴趣，最终选择北平师范大学地学系的地质专业。

9 月，入学北平师范大学地学系，就读于地质组。林朝启讲授普通地质学，裴文中讲授地史学和古生物学，何作霖讲授矿物学和光性矿物。

1945 年

8 月，在北平师范大学地学系地质组的学习被迫结束。

8—10月，先后在北方中学、志诚中学和长芦中学任兼职教师，教授初中地理、生物、体育等课程。

10月，在教育部特设的国立北平临时大学补习班学习。补习班意为对原沦陷区大学生甄审，受到广大学生的反对。

1946 年

从"国立北平临时大学"补习班结业。

清华大学从西南联大迁回北平，地学系恢复。

9月，裴荣富等四位同学一起通过转学考试进入清华大学地学系，在地质组就读。

同年申请了学校的公费生，获得批准。

袁复礼教授地貌学（包括野外地质景观），孟宪民教授矿物学（包括显微矿物鉴定），冯景兰教授矿床学（包括野外实习），张席禔教授古脊椎动物学，杨遵仪教授古生物学（包括古生物化石鉴定），苏良赫教授构造地质学。

1947 年

5月，因在原北京师范大学为球类知名运动员，故被吸收加入清华大学铁马体育队。随后又选入清华大学篮球校队并任队长。

1948 年

8月，毕业于清华大学理学院地学系，获理学学士学位。孟宪民推荐其到云南个旧锡矿工作，当时正处于动荡时期，裴荣富谢绝了老师的好意，在清华大学等待工作。

1949 年

1月，北平和平解放。

被推荐到华北人民政府公营企业部北平地质调查所（原北平地质调查所）工作。

8 月，在北平地质调查所任实习技术员期间，被指派参加煤田地质调查。跟随留用的日本煤矿地质专家森田日子次到山西大同进行煤田中比例尺的地质填图工作。

在森田日子次的指导下，和刘俨然共同完成 1 : 20 万怀仁幅地质填图。这是他为进行区域地质调查奠定的最佳基础工作。

1950 年

5 月，在北京地质工作计划指导委员会北京地质勘探局工作。

参加东北地质调查队，程裕淇为领队。

参加宋叔和为队长的辽南青城子铅锌矿和丹东接梨树铜矿等有色金属矿调查。

1951 年

在王曰伦的带领下，参加五台山区调工作。除为五台山区域地质构造提出创新认识外，还独自担任五台山香峪式铁建造的矿产评价。

1952 年

5 月，调入武汉中南勘探局 429 地质勘探队工作（湖北大冶），任地质技术员。在程裕淇的带领下，开展大冶铁矿普查勘探调查工作，参与了巷子口、尖山、狮子山、象鼻山、铁门坎的勘查，探明铁矿工业储量 2.5 亿吨，为新中国成立初期武汉铜铁企业的建设做了铁矿找矿勘查，满足矿山建设要求的基础工作。

1953 年

10 月 8 日，国家要求地质工作当前要集中力量探明第一个五年建设计划中黑色冶金、有色金属和煤矿等重要建设项目所需的资源。

在 429 队积极参与国家所需资源的勘查，提交了程潮铁矿的勘探报告。

5 月 14 日，与郭士敏在北京登记结婚。郭士敏 1948 年毕业于北京大学医学系，婚后在天津妇产医院工作。

10 月，完成程潮铁矿勘查后，为支援农业磷矿资源调到地质部华东地质局 304 地质勘探队（江苏海州），对海州磷矿进行普查勘探并负责 1∶5000 矿区地质填图和成矿规律分析。

作为锦屏磷矿普查勘探的主要执笔人，提交了两份正式的地质勘探报告，成功发现且总结了锦屏磷矿锰、磷矿层变质－变形规律，探明磷矿石储量达 1800 万吨，同时查明中元古界海州群含磷地层从锦屏至徐庄长达 10 千米范围内的层序分布规律稳定，为继续开展磷矿普查找矿、扩大海州式磷矿的矿石储量提供了重要地质科学依据。

4 月，由 304 队调任地质部地矿司黑色金属处工程师。在赵家骧教授领导下，负责部署和审批铁、锰、铬等矿床的勘探设计。

指导白云鄂博、攀枝花、海南岛、庞家堡、镜铁山等铁矿和瓦房子锰矿、内蒙古铬矿的地质普查勘探工作。

负责太行山东麓宣龙式铁矿普查工作。

在系统掌握全国铁矿资料的基础上协助苏联铁矿专家扎鲍罗夫斯基工作，编写《中国铁矿类型和分布特征》。

8 月，调入地质部矿物原料研究所工作，任工程师，负责铁矿地质及综合地质普查勘查方法研究工作。

参与组织编制《中国铁矿勘探规范》。

定居北京，妻子调入北京北大医院妇产科工作。

经赵家骧、孟宪民介绍参加民盟，并任地质部民盟小组秘书。

1957 年

在地质部矿物原料研究所任主任工程师，领导综合地质普查勘探方法研究室，直至 1972 年援外。负责编写《富铁矿研究现状及存在问题》。

1958 年

9 月，参加在北京召开的全国第一届矿床地质会议。

1959 年

在贵阳组织召开全国第一届铅锌矿会议。

1960 年

8 月，任地质部矿床地质研究所工程师。

1961 年

9 月，以他为首发表《铁矿工业类型与矿床评价主要地质因素》和《论我国富铁矿已知重要类型的成矿地质特征》等论著。与程裕淇等人合作发表《铁矿地质学》。

在邯郸和南昌召开南北方富铁矿会议。

1962 年

8 月，任地质部地质科学院第九研究室主任工程师，从事综合地质普查勘探方法研究。

1963 年

4 月 1 日，再次来到湖北大冶进行合理勘查控制研究，将综合普查勘探方法用于实践中。

1964 年

4 月，完成湖北大冶的合理勘查野外工作。

4 月 1 日，提交《湖北省大冶铁矿矿体地质特征及合理勘探控制1963—1964 年研究工作总结报告》。

出国援助巴基斯坦筹建钢铁基地，负责对卡拉巴赫鲕绿泥铁矿进行评价，创造性地提出对该铁矿进行沉积相研究，从中发现氧化相（赤铁矿）和碳酸盐相（菱铁矿），从而解决该矿只有硅酸盐相（鲕绿泥石铁石）不易熔的一种矿石的问题。

7—9 月，赴瑞典、芬兰和挪威等北欧国家专门考察金属矿床及综合地质普查勘探方法，引进北欧植被覆盖和冰川地貌地质找矿先进技术与综合方法。

将国外的综合普查勘探技术使用在云南金鼎，发现了与沉积岩有关的铅锌矿。

集体完成多篇专题研究总结和储量分类总则（初稿）。创造性地提出ABCD 四级储量分类。

到云南大红山铁矿进行矿床成矿和勘查方法研究半年，由于勘查队中的几名研究人员和当地造反派发生冲突，研究工作中止。

11 月，在地质部地科院江西峡江"五七干校"。在接受贫下中农再教育的后期与地质大学杨起教授一起为峡江县小煤矿开发进行调查。

5 月，从江西峡江"五七干校"调回。在地质总局情报地质研究所任《地质科技》的编辑，筹办了《地质学报》复刊。

1973 年

9 月，出任地质部援助苏丹铬矿勘查地质队总工程师，除进行矿产勘查工作外，还为苏丹培养多名地质人员。

1974 年

在任援苏丹地质队总工程师期间，除了探明和发现东非裂谷北段英格萨纳山铬矿床及卡萨拉省卡拉纳哈勒超基性岩体新的铬矿区外，还完成了对红海山区的铁矿和金矿资源评价以及矿床普查勘探。在苏丹的两个铬铁矿床中发现 12 个新的具有工业利用价值的铬矿体，探明工业储量 70 万吨，勘探程度达到满足矿山建设的设计要求。

1975 年

12 月 16 日，加入了中国共产党。

1978 年

12 月，结束援助苏丹任务。回国后任地质部矿床地质研究所领导小组成员。

1979 年

在地质部矿床地质研究所（现中国地质科学院矿产资源研究所）工作至今，他提出了矿产勘查的"双控论"和"合理域"科学技术模型以及风险投资与决策支持系统的科学技术模型，据此，发展了矿产资源合理勘查理论。该成果受到了时任地质矿产部副部长张同钰等专家的称赞。

任矿床地质研究所（矿产资源研究所的前身）副所长。

1979—1980 年 3 月，裴荣富等人参与地质部主持的《矿产资源法》起草工作，负责地质普查勘探方法部分的编写及有关问题研究。

在第一届区域成矿会议上，发表了《我国铁矿的主要成矿系列及区域成矿分析》报告。

1982 年

4 月，任苏丹能源矿业部顾问，与卢惠华一起在苏丹工作 84 天，在红海山区考察铁矿，并提出了《红海山区铁矿地质工作的技术报告》（英文）。报告中指出该矿区为火山岩型富铁矿，储量达 1530 万吨，且就近苏丹港，通过红海出口至欧洲，具有重要经济价值。因此受到苏丹能源矿业部部长的接见。完成了《苏丹红海山区铁矿类型特征及其区域成矿分析（初稿）》。

8 月，任矿床地质研究所所长。

承担了南岭、华北地块北缘、长江中下游成矿带成矿规律、大型－超大型矿床以及国际地质对比计划（IGCP-354）岩石圈超巨量金属工业堆积和全球成矿等重大研究项目。

与丁志忠、傅鸣珂分工合作，集体完成论文《试论固体矿产普查、勘探与开发的合理程序》。其中包含了裴荣富重要的"双控论"与"合理域"的最初观点。

1983 年

在第三届矿床会议上提交《再论大冶式铁矿》和《中国东南部中生代火山岩特征和区域成矿条件和成矿系列》两篇论文（集体论文）。

1985 年

9 月 12 日，免去所长职务，继续从事科研工作。

被国务院学位委员会批准为博士生导师。

1986 年

8 月 17—22 日，出访瑞典，与程裕淇、张秋生同行参加国际矿床成因协会第 7 届年会会议。会后考察世界级海相火山岩型吉鲁纳铁矿、芬兰奥托昆布铜矿、开米铬铁矿。

1987 年

7 月 1 日，经中国地质科学院专业评审委员会审议通过研究员任职资格。

11 月，出版专著《南岭地区有色稀有金属矿床的控矿条件、成矿机理、分布规律及成矿预测（总论）》。

1988 年

领导和组织的南岭成矿研究项目"南岭地区与中生代花岗岩类有关的有色及稀有金属矿床地质"取得突出成就，获地质矿产部科学技术进步奖一等奖。

7 月，领导和组织的南岭成矿研究项目"南岭地区钨铅锌等有色稀有金属矿床的控制条件、物质成分、分布规律"取得突出成就，获国家科技进步奖二等奖。

1989 年

8 月，同程裕淇等一起赴美国首都华盛顿参加第 28 届国际地质大会，作为大矿－超大矿专题讨论会的主持人。

1990 年

5 月 15 日，出访加拿大，参加国际矿床成因协会第 8 届年会，增选为协会副主席。

主持"八五"国家攻关项目 85-901-03 课题亚专题"四维成矿研究"，并任技术负责人。首次提出"时间维造就空间维"的成矿作用 3Dto-y 新思维。

同年，南岭地区与中生代花岗岩类有关有色及稀有金属矿床地质研究的项目获地矿部科学技术进步奖一等奖。

参加国家地质对比计划（IGCP）282"花岗岩类与成矿"项目年会，赴韩国考察世界知名的上东钨矿。

1991 年

1 月 5 日，签订《"八五"国家科技攻关计划课题合同》，负责"华北地块北缘金银多金属矿床成矿系列、矿床模式及典型地区资源潜力评估"课题。

3 月 23 日，赴苏联参加 IGCP-354 会议。

9 月 28 日，赴泰国参加 IGCP-282 年会。

10 月 5 日，主编的《中国矿床模式》是国家首次按一类型完成 92 个模式获地质矿床部二等奖。

1992 年

3 月，赴日本参加第 29 届国际地质大会并担任"成矿年代学"专题讨论会主持人，参会期间考察热源硫黄矿。

5 月 20 日，与地质矿产部签订重点地质科技项目合同《中国特大型矿床形成地质背景与预测研究》并以首席科学家的身份参加。此项目在 1996 年 3 月结束。

承担国际地质对比计划项目 IGCP-354"岩石圈超巨量金属工业堆积"，任首席科学家。

10 月起享受国务院政府特殊津贴。

1993 年

与日本学者一起考察俄罗斯远东金矿。

培养博士研究生胡雄伟和博士后银剑钊。

获地质矿产部"中国钨矿资源经济评价"项目三等奖。

9 月 9 日，出席西班牙应用地质学会（SGA），同时参会的有宋学信、毛景文。

1994 年

3 月 21 日，被评为中共矿床地质研究所 1993 年度优秀党员。

当选为国际矿床成因协会第 9 届理事会主席。

8 月，在北京成功主持了第 9 届国际矿床成因协会国际科学讨论会，并主编会议论文集。

受聘担任第 30—33 届国际地质大会专题讨论会主持人，把中国对地质学研究的"金属成矿省等级体制成矿与演化""矿床成矿系列""大型 – 超大型矿床成矿学"等领域的成果介绍给国外同行，促进了地质科学的国际学术交流。

10 月，出席在日本北海道召开的西北太平洋会议。

11 月，开展衍生矿床导向成矿轨迹追踪成矿预测研究。此项目在 1998 年 6 月结束。

1995 年

2 月，任国际地质科学联合会所属的国际地质对比计划科学委员会第 23 届理事会设立的 IGCP–354 "岩石圈超巨量金属工业堆积"项目首席科学家，来自 25 个国家的 120 多位地质学家参加了具体的研究工作与学术交流活动。

2 月 17 日，主持了地质矿产部重要基础研究项目《大型 – 特大型矿床地质预测研究》，获地质矿产部地质科技研究者奖。

3 月 13 日，签订专题合同《衍生矿床导向成矿轨迹预测研究》，主要科研人员为裴荣富、吴良士和熊群尧。

6 月，组织地质矿产部矿床地质研究所等 28 个科研、教学及生产单位的专家、学者编辑出版专著《中国矿床模式》，是我国固体矿产地质勘查实践经验的总结和理论研究成果的大荟萃，集中反映了当时中国矿床学的最新进展，1997 年获地质矿产部科技进步奖二等奖。

8 月 2 日，赴美国华盛顿参加 IGCP–354 年会会议。

10 月，荣获李四光地质科学奖委员会授予的第四次李四光地质科学奖。

1996 年

5 月 30 日，赴蒙古国参加 IGCP-354 项目野外考察。

8 月，参加第 30 届国际地质大会（在北京召开）。

11 月 18 日，赴日本参加 IGCP-354 项目，共 20 天。

1997 年

4 月，获地质矿产部"八五"科技工作者突出贡献先进个人荣誉证书。

7 月，出版专著《华北地块北缘及其北侧金属矿床成矿系列与勘查》。

8 月 17—23 日，赴委内瑞拉，主持召开 IGCP354 第三次年会。

1998 年

4 月，出版专著《中国特大型矿床成矿偏在性与异常成矿构造聚敛场》。

6 月，出版专题研究报告《衍生矿床导向成矿轨迹预测研究》。

7 月，申请去澳大利亚，参加 IGCP354 项目年会，会后考察 Brokenhill 铅锌矿。

1999 年

6 月，国土资源部国际合作与科技司对《衍生矿床导向成矿轨迹预测研究》进行鉴定。

8 月，赴英国伦敦参加 IGCP354 年会，会后考察 Conwell 锡矿。

出版《深部构造作用与成矿》专著。

12 月 27 日，当选中国工程院院士。

2000 年

8 月，世界地质图委员会批准设立国际合作项目"1 : 25M World Metallo Genic Map of Large and Superlarge Deposits"，任首席科学家，参加并主持了"11 : 1000 万全球前寒武纪成矿分带图编制"、中美"天山－阴山深部构造与成矿"、中日"ITIT"等国际合作项目。

在巴西参加第 31 届国际地质大会，并担任"大型铁矿"专题讨论会主持人，并做主题报告。

12 月 20 日，当选为美国纽约科学院院士。

2001 年

2 月 14 日，在俄罗斯参加世界大型 - 特大型成矿（1∶25M）及世界前寒武纪成矿分带图（1∶1000 万）项目会议。

8 月，出版专著《难识别及隐伏大矿、富矿资源潜力的地质评价》。

9 月 18—20 日，参加在美国华盛顿召开的 IAGOD 和 CTOD 国际研讨会，即"地球深部构造和岩石圈金属富集"年会。

12 月 20—29 日，在法国参加世界地质图委员会 2001 年度会议，共10 天。

2002 年

妻子郭士敏去世。

2003 年

3 月，在江西考察火山岩型铀矿。

5 月，出版专著《金属成矿省演化与成矿年代学》。

8 月，参加国际应用地质学会年会。在希腊雅典考察铅锌矿。同月申请"中国东部危机矿山深部及外围找矿"立项。

2004 年

8 月，参加在意大利佛罗伦萨召开的第 32 届国际地质大会，主持"大型 - 超大型矿床成矿"讨论会，任执行主席。

国际矿床成因协会理事会授予其终身荣誉（Honorary Life Membership）称号。这是国际矿床地质科学界的最高荣誉，当时世界上只有八位国际著名矿床学家获此殊荣。

任国际矿床成因协会大构造与成矿专业委员会和矿物共生专业委员会副主任。

12 月，"华北地台北缘矿化集中区控矿因素与成矿预测"获国土资源部科学技术奖二等奖。

2005 年

12 月 13 日，到大冶出席全国危机矿山找矿会议。

2006 年

11 月，"中国特大型矿床成矿偏在性与异常成矿构造聚敛场（难识别及隐伏大矿、富矿资源潜力地质评价）"项目获国土资源部科技进步奖二等奖。

"中国成矿体系与区域成矿"项目获国土资源部科技进步奖二等奖。

2007 年

"中国成矿体系与区域成矿评价"获国家科技进步奖二等奖。

9 月，完成中国工程院咨询项目"中国东部危机矿山深部及外围找矿"报告。

2008 年

6 月，出版论著《中国中生代成矿作用》。该论著是中国地质调查局地质大调查综合研究项目"中国成矿体系与区域成矿评价（K1.4）"的中生代成矿作用专题（K1.4-3-3）研究成果。

7 月，"1：25M 世界大型超大型矿床成矿图编制及全球矿产成矿规律研究与评价"项目任首席科学家，对全球成矿规律和资源远景评价提出一系列创新成果，并提出全球大型－超大型矿床成因的新概念和成矿规律。

8 月，对矿山合理开发提出大、中、小不同规模矿山在一定时限内的试产、投产、稳产、萎缩、补偿、闭坑的科学技术模拟，又结合矿业不同于其他产业的特殊属性，在"3R"循环经济的基础上，发展增加为再发现

（Rediscovery）和再复垦（Reclaimation）的"5R"循环经济。

"大型矿集区深部结构与成矿"获国土资源部科技进步奖二等奖。

赴挪威参加第 33 届国际地质大会，任巨型矿和超巨型矿床讨论会主持人。同时出席地质图类委员会年会，建立"1∶25M 海洋矿产资源图"项目。

2009 年

1 月，地质出版社正式出版《1∶25M 世界大型－超大型成矿图》及说明书（中英文版）。该图得到国土资源部徐绍史部长祝贺，并评价其是一项非常重要的成果，将有力促进对成矿规律的认识和对资源的战略评价。

2010 年

3 月，赴法国巴黎参加世界地质图类委员会年会。会上通过论证，被批准为"1∶10M 亚洲成矿图"项目首席科学家。

2011 年

11 月，应邀出席在天津召开的第 17 届中国国际矿业大会，并在会上作"21 世纪矿业应向后工业倾斜——适者生存与可持续发展"报告，被中国矿业联合会聘为高级咨政。

2012 年

8 月，赴澳大利亚布里斯班参加第 34 届国际地质大会，并担任"巨型－超巨型矿体"专题讨论会主持人，在会上的中国馆展出"1∶25M 世界大－超大矿成矿图"，并与部分专家做了讨论。同时出席世界地质图委员会年会。年会决议中指定 2014 年在法国召开的年会上做由他负责的全球海洋矿产资源图和亚洲成矿图汇报完成情况和工作进展报告。

5 月 6 日，获中国地质科学院新华联科技成果杰出成就奖。

8 月 24 日，中国地质科学院矿产资源所为裴荣富院士召开了从事地质工作 70 周年学术研讨会，出版了《裴荣富文集》和《裴荣富 70 年工作侧影》。《中国国土资源报》地质调查栏目全版登载了"之年犹未老，矢志不渝地质情"的报道。

荣获 2013 年度国土资源科学技术二等奖。

2014 年

2 月，赴巴黎出席世界地质图委员会年会并展出《1：25M 全球海洋矿产资源图》。提出计划编制《1：1000 万世界矿产资源图集》。

6 月，两院院士大会期间，荣获第十届光华工程科技奖。

8 月，在昆明参加第 14 届国际矿床成因协会国际会议，并代表陈毓川院士等研究组做三论成矿系列报告。

10 月，在天津参加由中国主办的第 14 届国际矿业大会，在会上应邀为矿业勘查技术方法分会作《矿产合理勘查与矿可持续发展》报告。

附录二　裴荣富主要论著目录

[1] 五台队集体. 五台山五台纪地层的新见 [J]. 地质学报，1952（4）：
    325-353，374-384.

[2] 裴荣富，等. 湖北大冶铁矿地质勘探报告 [R]. 1954.11.

[3] 裴荣富，等. 江苏新海连市锦屏磷矿地质勘探报告 [R]. 1955.

[4] 黄懿，裴荣富，任冠政，刘佑馨，周维屏. 论大冶式铁矿 [J]. 地质
    学报，1957（2）：191-202，251-252.

[5] 裴荣富，陶惠亮，叶庆同，赵一鸣，王立华. 论我国富铁矿已知重要
    类型的成矿地质特征 [J]. 地质学报，1961（2）：95-111.

[6] 裴荣富，等. 十年来的中国科学——铁矿地质学 [M]. 北京：科学
    出版社，1966.

[7] 裴荣富，等. 苏丹民主共和国青尼罗省英格萨纳山铬铁矿地质普查勘
    探报告 [R]. 1977.

[8] 裴荣富，朱裕生. 矿产资源总量预测和开展经济评价的问题 [J]. 中
    国地质，1983（11）：10-13.

[9] 裴荣富，丁志忠，傅鸣珂. 试论固体矿产普查、勘探与开发的合理程
    序 [C] // 中国地质学会. 中国地质科学院文集（5）. 1983（1）：16.

[10] 裴荣富，刘瑛，吕凤翔. 再论大冶式铁矿 [C] // 中国地质学会. 中

国地质科学院矿床地质研究所文集（15）. 1985：（12）.

［11］裴荣富. 第七届国际矿床成因协会科学讨论会［J］. 矿床地质，1987（1）：34，44，56.

［12］裴荣富，吴良士，赵余. 华南地区花岗岩形成环境、侵位类型与成矿［J］. 中国地质科学院院报，1987（1）：53-72.

［13］裴荣富. 1986 年度 IGCP-220 项目讨论会纪要［J］. 矿床地质，1987（1）：22.

［14］裴荣富，吴良士. 中国东南部中生代火山岩区域成矿条件［J］. 中国地质科学院院报，1987（2）：99-112.

［15］张宏良，裴荣富，等. 南岭地区有色稀有金属矿床的控矿条件成矿机理分布规律及成矿预测［M］. 武汉：武汉地质学院出版社，1987.

［16］Russell M J，裴荣富，邱小平. 沉积容矿喷气矿床的成因模式［J］. 地质科学译丛，1988（2）：64-68.

［17］裴荣富. 第五届东南亚和西太平洋钨锡花岗岩（IGCP-220 项）国际科学讨论会简介［J］. 矿床地质，1989（1）：18+64.

［18］吴良士，裴荣富. 加强矿山地质探矿和矿山外围找矿［J］. 中国地质，1988（1）：9-10.

［19］邱小平，裴荣富，季克俭，吴学汉. 九江－瑞昌地区铜矿床成矿地质特征［J］. 矿床地质，1988（3）：15-28.

［20］张宏良，裴荣富. 南岭钨锡花岗岩的地质特征及成矿作用［J］. 湖南地质，1988（1）：8-24.

［21］张宏良，裴荣富. 南岭地区花岗岩矿床的控矿条件及成矿规律［J］. 上海地质，1989（1）：1-12.

［22］裴荣富，毛景文. 锡矿床研究新进展述评［J］. 矿床地质，1989（2）：91-94.

［23］邱小平，裴荣富，季克俭，吴学汉. Geological Characteristics of Copper Ineralization Jiujiang-Ruichang Area，Jiangxi Province，China［J］. Chinese Journal of Eochemistry（English Language Edition），1989（3）：228-244.

［24］吴良士，裴荣富. 我国东南部地区层控矿床形成的构造环境和成矿

作用［J］. 中国地质科学院院报，1989（6）：69-82.

［25］吴良士，裴荣富. 对铜矿勘查的意见［J］. 中国地质，1989（10）：9-10.

［26］陈毓川，裴荣富，张宏良. 南岭地区与中生代花岗岩类有关的有色、稀有金属矿床地质［M］. 北京：地质出版社，1990.

［27］陈毓川，裴荣富，张宏良. 南岭地区与中生代花岗岩类有关的有色、稀有金属矿床地质［J］. 中国地质科学院院报，1990（1）：79-85.

［28］裴荣富，吴良士. 中国东部地区区域成矿环境与成矿作用的基本特征［J］. 中国地质科学院院报，1990（1）：86-88.

［29］裴荣富，吴良士. 中国东部区域成矿研究述评［J］. 矿床地质，1990（1）：91-94.

［30］裴荣富. 矿床分布模式及作为大构造标志研究的新进展［J］. 地质科技情报，1990（2）：3-5.

［31］裴荣富，吴良士. 在我国开展寻找超大型矿床的若干基础研究问题的讨论［J］. 矿床地质，1990（3）：287-289.

［32］裴荣富. 第八届国际矿床成因协会（IAGOD）科学讨论会在加拿大渥太华召开［J］. 矿床地质，1990（4）：383.

［33］钟自然，裴荣富，吴良士. 区域性矿产资源开发系统发展规划优化模型及其系统经济评价［J］. 地质论评，1990（5）：436-443.

［34］吴良士，裴荣富. 加强超大型矿床的研究［J］. 中国地质，1990（7）：19-21.

［35］《当代中国》编辑部. 当代中国丛书——当代中国的地质事业［M］. 北京：中国社会科学出版社，1990.

［36］裴荣富，等. 中国钨矿资源经济评价［M］. 北京：中国科学技术出版社，1993.

［37］姚士新，吴良士，裴荣富. 河北邯邢地区洪山岩体地质地球化学及铜（金）矿化特征［J］地质与勘探，1993（5）：11-16.

［38］裴荣富，吴良士. 金属成矿省的地质历史演化和成矿年代学研究新进展［J］. 矿床地质，1993（3）：285-286.

［39］胡雄伟，裴荣富，吴良士. 湖南锡矿山超大型锑矿聚矿构造分析［J］.

矿床地质，1994（S1）：90-91.

[40] 聂凤军，裴荣富，吴良士，张洪涛. 内蒙古乌拉山石英-钾长石脉金矿床铅和硫同位素研究 [J]. 矿床地质，1994，（2）：106-117.

[41] 毛景文，裴荣富，李红艳，王平安. 柿竹园超大型钨多金属矿床形成的几个异常因素刍议 [J]. 矿物岩石地球化学通讯，1994（2）：117-118.

[42] 裴荣富，吴良士. 特大型矿床成矿偏在性研究的新进展 [J]. 矿床地质，1994（2）：155，171.

[43] 裴荣富，吴良士. 金属成矿省演化与成矿 [J]. 地学前缘，1994（3）：95-99.

[44] 聂凤军，裴荣富，吴良士. 内蒙古白乃庙地区铜（金）和金矿床钕、锶和铅同位素研究 [J]. 矿床地质，1994（4）：331-344.

[45] 聂凤军，裴荣富，吴良士. 内蒙古别鲁乌图晚古生代火山岩 Sm-Nd 同位素研究 [J]. 岩石矿物学杂志，1994（4）：289-296.

[46] 裴荣富，吴良士. 找寻特大型隐伏矿床的衍生矿床导向和成矿轨迹追踪研究 [J]. 矿床地质，1994（4）：380-382.

[47] 聂凤军，裴荣富，吴良士，ArneBjφrlykke. 内蒙古温都尔庙群变质火山——沉积岩钐-钕同位素研究 [J]. 科学通报，1994（13）：1211-1214.

[48] 裴荣富. 中国矿床模式. 北京：地质出版社 [M]. 1995.

[49] 聂凤军，裴荣富，吴良士. 内蒙古白乃庙地区绿片岩和花岗闪长斑岩的钕和锶

[50] 同位素研究 [J]. 地球学报，1995（1）：36-44.

[51] 毛景文，李红艳，裴荣富. 千里山花岗岩体地质地球化学及与成矿关系 [J]. 矿床地质，1995（1）：12-25.

[52] 裴荣富，吴良士. 矿物共生和矿物共生组合研究与成矿年代学 [J]. 矿床地质，1995（2）：185-188.

[53] 裴荣富，洪大卫. 碰撞造山与华南花岗岩及其成矿系列研究的新进展 [J]. 矿床地质，1995（2）：189-194.

[54] 胡雄伟，裴荣富，史明魁. 湘中地区中生代地温场及锑矿分布 [J].

矿床地质，1995（3）：220-227.

［55］毛景文，李红艳，裴荣富. 湖南千里山花岗岩体的 Nd-Sr 同位素及岩石成因研究［J］. 矿床地质，1995（3）：235-242.

［56］裴荣富. 共（源）岩浆补余分异作用与成矿［J］. 矿床地质，1995（4）：376-379.

［57］裴荣富. 金属成矿省地质历史演化与特大型矿床［J］. 矿床地质，1997（2）：74-75+85.

［58］裴荣富. 姻袭成矿与特大型矿床［J］. 矿床地质，1997（1）：94-97.

［59］裴荣富，等. 华北地块北缘及其北侧金属矿床成矿系列与勘查［M］. 北京：地质出版社，1998.

［60］裴荣富，等. 中国特大型矿床成矿偏在性与异常成矿构造聚敛场［M］. 北京：地质出版社，1998.

［61］裴荣富，等. 深部构造作用与成矿［M］. 北京：地质出版社，1999.

［62］裴荣富，熊群尧. 中国特大型金属矿床成矿偏在性与成矿构造聚敛（场）［J］. 矿床地质，1999（1）：40-49.

［63］熊群尧，裴荣富，梅燕雄. 冀东长城式金矿成矿中一些问题的初步探讨［J］. 矿床地质，1999（2）：93-98.

［64］裴荣富，熊群尧，梅燕雄. 金属成矿省成矿年代学研究的新进展——以华北地块北缘为例［J］. 地学前缘，1999（2）：132-141.

［65］彭聪，裴荣富，高锐. 中国大陆特大型矿床地球物理背景研究［J］. 地质学报，1999（2）：191.

［66］裴荣富，彭聪，熊群尧. 南岭金属成矿省深部构造过程与超巨量金属堆积［J］. 地质学报，1999（2）.

［67］裴荣富，邱小平，尹冰川，等. 成矿作用爆发异常及巨量金属堆积［J］. 矿床地质，1999（4）：333-340.

［68］裴荣富，熊群尧，徐善法，等. 中国金矿床（点）等密度图与成矿远景预测［J］. 地球科学，1999（5）：449-454.

［69］裴荣富，等. 难识别及隐伏大矿、富矿资源潜力的地质评价［M］. 北京：地质出版社，2001.

［70］裴荣富，梅燕雄. 矿产勘查的双控论与合理域模型［J］. 矿床地质，2000（4）：307-312.

［71］裴荣富，叶锦华，梅燕雄，尹冰川. 特大型矿床研究若干问题探讨［J］. 中国地质，2001（7）：9-15+21.

［72］裴荣富. 衍生矿床导向成矿轨迹预测研究［C］//中国地质科学院"九五"科技成果汇编［C］. 2001：2.

［73］裴荣富. 21世纪矿业应向后工业发展势态倾斜——适者生存和可持续发展［J］. 地球科学，2002（1）：72-80.

［74］裴荣富，梅燕雄，等. 金属成矿省演化与成矿年代学——以华北地块北缘及其北侧金属成矿省为例［M］. 北京：地质出版社，2003.

［75］裴荣富，李进文，梅燕雄. 金属成矿省等级体制成矿［J］. 矿床地质，2004（2）：131-141.

［76］裴荣富，熊群尧，吴良士，等. 中国特大型矿床成矿偏在性与异常成矿构造聚敛场难识别及隐伏大矿、富矿资源潜力地质评价［M］. 北京：地质出版社，2006.

［77］裴荣富，等. 中国中生代成矿作用［M］. 北京：地质出版社，2008.

［78］裴荣富，梅燕雄，李进文. 特大型矿床与异常成矿作用［J］. 地学前缘，2004（2）：323-331.

［79］李进文，裴荣富，梅燕雄. 铜陵矿集区矿田构造垂直分带［J］. 矿床地质，2004（2）：206-215.

［80］曾普胜，裴荣富，蒙义峰，侯增谦，杨竹森，徐文艺，谢玉玲，徐九华，梅燕雄. 铜陵矿集区铜金矿床叠加改造过程中的排金效应［J］.

［81］矿床地质，2004（2）：216-224.

［82］梅燕雄，裴荣富，李进文，傅旭杰. 中国中生代矿床成矿系列类型及其演化［J］. 矿床地质，2004（2）：190-197.

［83］曾普胜，裴荣富，侯增谦，蒙义峰，杨竹森，田世洪，徐文艺，王训诚. 安徽铜陵矿集区冬瓜山矿床：一个叠加改造型铜矿［J］. 地质学报，2005（1）：106-113.

［84］裴荣富，李进文，梅燕雄. 大陆边缘成矿［J］. 大地构造与成矿学，

2005（1）：24-34.

［85］裴荣富，梅燕雄，李进文. 固体矿产合理勘查开发与矿业可持续发展［J］. 中国钨业，2005（2）：11-15.

［86］裴荣富，梅燕雄. 1∶25M 世界大型－超大型矿床成矿图编制及全球矿产成矿规律研究与评价［J］. 地球学报，2006（1）：90+68.

［87］李进文，裴荣富，梅燕雄，朱和平，王莉娟，李铁军，王永磊. 安徽铜陵狮子山铜（金）矿田成矿流体地球化学研究［J］. 矿床地质，2006（4）：427-437.

［88］陈毓川，裴荣富，王登红. 三论矿床的成矿系列问题［J］. 地质学报，2006（10）：1501-1508.

［89］裴荣富，梅燕雄，李进文，孟贵祥，王少怀，王永磊，李莉，黄修保，王浩琳. 事件地质激发成矿作用异常与超巨量金属工业堆积［J］. 地质学报，2006（10）：1509-1517，1645-1646.

［90］李进文，裴荣富，张荣华，梅燕雄，胡书敏，王军. 安徽铜陵胡村矽卡岩型铜矿水－岩反应动力学实验研究［J］. 高校地质学报，2007（2）：261-271.

［91］王少怀，裴荣富. 冈底斯中段南缘成矿远景预测及找矿方向［J］. 矿床地质，2007（3）：346-352.

［92］王永磊，裴荣富，李进文，武俊德，李莉，王浩琳. 个旧老厂矿田花岗岩地球化学特征及其形成构造背景［J］. 地质学报，2007（7）：979-985.

［93］李莉，裴荣富，李进文，王浩琳. 建立合理勘查开发模拟与矿业循环经济的应用［J］. 中国国土资源经济，2007(11)：13-16，46.

［94］李进文，李旭辉，裴荣富，梅燕雄，王永磊，屈文俊，黄修保，臧文栓. 江西武山铜矿南矿带辉钼矿 Re-Os 同位素年龄及其地质意义［J］. 地质学报，2007（6）：801-807.

［95］李进文，裴荣富，张德全，梅燕雄，臧文拴，孟贵祥，曾普胜，李铁军，狄永军. 铜陵矿集区燕山期中酸性侵入岩地球化学特征及其地质意义［J］. 地球学报，2007（1）：11-22.

[96] 裴荣富, 李进文, 梅燕雄, 王永磊, 李莉, 王浩琳. 中国大陆边缘构造属性与超巨量金属工业堆积 [J]. 高校地质学报, 2007 (2): 137-147.

[97] 王少怀, 裴荣富. 菲律宾拉拉布金矿床围岩蚀变与成矿作用 [J]. 大地构造与成矿学, 2008 (1): 81-91.

[98] 裴荣富, 王永磊, 李莉, 王浩琳. 华南大花岗岩省及其与钨锡多金属区域成矿系列 [J]. 中国钨业, 2008 (1): 10-13.

[99] 李莉, 裴荣富. 矿业城市的可持续发展对策 [J]. 中国矿业, 2008 (6): 14-16.

[100] 李莉, 裴荣富. 我国矿区复垦保证体系研究 [J]. 煤炭经济研究, 2008 (6): 11-13.

[101] 裴荣富, 李莉, 王浩琳. 矿产地质勘查与矿业可持续发展的科学技术模拟 [J]. 矿产保护与利用, 2009 (1): 7-12.

[102] 裴荣富. 1:25M 世界大型－超大型矿床成矿图说明书 (中文版) [M]. 北京: 地质出版社, 2009.

[103] 裴荣富, 王永磊, 王浩琳. 南岭钨锡多金属矿床成矿系列与构造岩浆侵位接触构造动力成矿专属 [J]. 中国地质, 2009, 36 (3): 483-489.

[104] 梅燕雄, 裴荣富, 杨德凤, 戴自希, 李进文, 徐丛荣, 瞿泓滢. 全球成矿域和成矿区带 [J]. 矿床地质, 2009, 28 (4): 383-389.

[105] 王永磊, 裴荣富, 李进文, 王浩琳, 刘喜峰. 湘东南将军寨钨矿花岗岩地球化学特征及铼－锇同位素定年 [J]. 岩矿测试, 2009, 28 (3): 274-278.

[106] 王少怀, 裴荣富, 曾宪辉, 邱小平, 魏民. 再论紫金山矿田成矿系列与成矿模式 [J]. 地质学报, 2009, 83 (2): 145-15

[107] 张运涛, 裴荣富, 张小平, 曾文乐, 王浩琳, 黄符桢, 邵长亮. 埃及西奈阿布泽尼玛地区铀矿成矿地质特征及控制因素分析 [J]. 东华理工大学学报 (自然科学版), 2010, 33 (4): 339-344.

[108] 瞿泓滢, 裴荣富, 李进文, 王永磊. 安徽铜陵凤凰山石英二长闪长岩和花岗闪长岩锆石 SHRIMPU-Pb 年龄及其地质意义 [J]. 吉林

大学学报（地球科学版），2010，40（3）：581-590.

[109] 瞿泓滢，裴荣富，王永磊，李进文. 安徽铜陵凤凰山铜矿床成矿流体研究 [J]. 现代地质，2010，24（2）：228-236.

[110] 瞿泓滢，裴荣富，王永磊，李进文. 安徽铜陵凤凰山夕卡岩型铜矿床中辉钼矿 Re-Os 同位素年龄及其地质意义 [J]. 岩石学报，2010，26（3）：785-796.

[111] 瞿泓滢，裴荣富，李进文，王永磊，邓月金. 安徽铜陵凤凰山燕山期中酸性侵入岩地球化学特征及其与金属成矿关系 [J]. 中国地质，2010，37（2）：311-323.

[112] 冯佳睿，毛景文，裴荣富，周振华，杨宗喜. 云南瓦渣钨矿区老君山花岗岩体的 SHRIMP 锆石 U-Pb 定年、地球化学特征及成因探讨 [J]. 岩石学报，2010，26（3）：845-857.

[113] 王少怀，张国兰，裴荣富. 紫金山矿集区铜地球化学块体特征及找矿潜力 [J]. 地球学报，2010，31（1）：90-94.

[114] 冯佳睿，毛景文，裴荣富，李超. 滇东南老君山地区印支期成矿事件初探——以新寨锡矿床和南秧田钨矿床为例 [J]. 矿床地质，2011，30（1）：57-73.

[115] 瞿泓滢，裴荣富，王浩琳，李进文，王永磊，梅燕雄. 安徽铜陵凤凰山铜矿床成矿流体特征研究 [J]. 地质论评，2011，57（1）：50-62.

[116] 瞿泓滢，刘宏伟，裴荣富，李进文，王永磊. 安徽铜陵狮子山铜矿田地球化学特征综述 [J]. 地质找矿论丛，2011，26（3）：239-248.

[117] 瞿泓滢，常国雄，裴荣富，王浩琳，梅燕雄，王永磊. 安徽铜陵狮子山铜矿田岩石的地球化学特征 [J]. 岩矿测试，2011，30（4）：430-439.

[118] 冯佳睿，毛景文，裴荣富，李超. 滇东南老君山南秧田钨矿床的成矿流体和成矿作用 [J]. 矿床地质，2011，30（3）：403-419.

[119] 黄修保，裴荣富，梅燕雄，瞿泓滢，方平，祝爱明. 江西九瑞坳下-丁家山地质特征及找矿前景分析 [J]. 地质与勘探，2011，47（4）：531-542.

附录三　裴荣富对青年地质工作者的忠告

　　70多年的地矿勘探实践，裴荣富深有体会：地质工作不确定性非常大，必须通过长期的野外调查，才能达到对客观地质体的正确认识，尤其如盲人摸象，必须脚踏实地才能攀登科学高峰，所有论著必须建立在稳固野外工作基础上。

　　裴荣富根据上述理念请学生瞿泓滢等人绘制了以下三幅漫画——摸象、高峰、书桌，以此来表达自己对青年地质工作者的殷切希望。

（1）摸　象

图附 -1　地质工作就像盲人摸象（裴荣富提供）

裴荣富："地质勘查找矿工作就像瞎子，从不同角度摸大象一样，有的摸到象头，有的摸到象腿，有的摸到象尾巴。在野外调查的时候必须依靠团体通力合作，发挥集体的智慧，集思广益，才能认清大象整体，等同于从不同角度认清找矿规律，找到矿藏所在。"

（2）高　峰

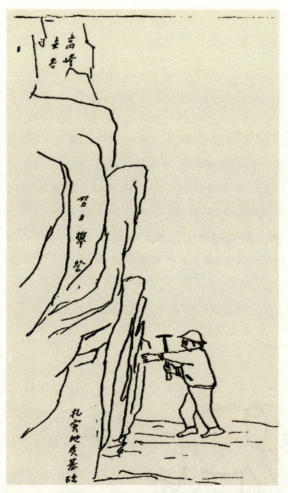

裴荣富："要扎根野外。野外工作的实践其实就是专业学术成长的基点，是以后地质工作及科研事业发展的源头。地质工作要勇攀高峰，深入工作。比如'逢沟必断'。一般人，看到沟划一断层就结束。但是，这仅是最基础的。我们年轻时追出20公里，看断层是如何断的，是正断层还是逆断层或者斜断层？是大断层还是小断层？什么动力让它断的？断层对客观地质体有什么影响？对成矿是否有作用……？这些问题都要多想想，弄清楚。"

图附 -2　扎根野外，勇攀世界地质高峰（裴荣富提供）

（3）书 桌

裴荣富："现阶段地质工作人才大都是'三院'干部——地质学院、研究生院、地质科学院。论文是要写，这是必需的，但如果缺乏足够的野外工作实践，就如无本之木，创新的可能性不大。"

图附-3　地质工作不能仅是论文搭台（裴荣富提供）

参考文献

[1] 五台队集体. 五台山五台纪地层的新见 [J]. 地质学报, 1952 (4): 325-353, 374-384.

[2] 裴荣富, 等. 湖北大冶铁矿地质勘探报告 [R]. 1954, 11.

[3] 裴荣富, 等. 苏丹民主共和国青尼罗省英格萨纳山铬铁矿地质普查勘探报告 [R]. 1977, 6.

[4] 裴荣富, 等. 江苏新海连市锦屏磷矿地质勘探报告 [R]. 1955.

[5] 裴荣富, 等. 十年来的中国科学——铁矿地质学 [M]. 北京：科学出版社, 1966.

[6] 开滦矿务局 [OL]. http://www.kailuan.com.cn

[7] 李铁虎. 抗战时期北平高等院校的兴衰 [J]. 北京党史研究, 1995 (4): 39-41.

[8] 当代中国丛书编辑部. 当代中国丛书——当代中国的地质事业 [M]. 1990.

[9] 程裕淇, 陈梦熊. 前地质调查所的历史回顾——历史评述与主要贡献 [M]. 1996.

[10] 王成安, 中国援助非洲50年概述 // 李安山主编. 中国非洲研究评论. 北京：北京大学出版社, 2011.

[11] 裴荣富. 中国矿床模式 [M]. 北京：地质出版社, 1995.

[12] 裴荣富, 等. 中国特大型矿床成矿偏在性与异常成矿构造聚敛场 [M]. 北

京：地质出版社，1998.

[13] 裴荣富，丁志忠，傅鸣珂. 试论固体矿产普查、勘探与开发的合理程序 [C] // 中国地质科学院文集（5）. 1983（1）：16.

[14] 裴荣富，刘瑛，吕凤翔. 再论大冶式铁矿 // [C] 中国地质科学院矿床地质研究所文集（15）. 1985（12）.

[15] 全国第一届矿产会议 [J]. 科学通报，1958，19：605-606.

[16] 裴荣富，吴良士. 金属成矿省的地质历史演化和成矿年代学研究新进展 [J]. 矿床地质，1993（3）：285-286.

[17] 黄文辉，梅燕雄. 踏遍青山人未老　探矿寻宝乐融融 [J]. 矿床地质，2009，28（4）：513-614.

后 记

　　这部传记，翔实地回顾和追述了裴荣富院士走过的人生历程，介绍了他的学习、工作、科研和生活境况。

　　作者怀着崇敬的心情多次采访了裴荣富院士，得到了他和他的秘书王浩琳的支持与配合。同时，作者拜读了他大量的学术著作和论文，查阅了大量相关的资料，加以核实和求证，跟随他的回忆领略了他当年走过的艰辛历程，从中领悟到了一位矿床地质科学家的思想光华和精神风范。

　　以人为镜，可以明得失。通过这部传记的阅读与了解，或许能给那些在努力工作与奋斗的人们（尤其是年轻人）一些人生的启迪。如何面对人生和社会，不盲目骄傲，不懒惰，重视实践不空谈。事业是靠脚踏实地努力实践去完成！

　　本书在写作成稿过程中，几易其稿，得到了传主裴荣富院士的指导与帮助，得到了有关部门的领导、专家学者的悉心指点，在此一并予以感谢！

　　由于作者水平所限，加之时间仓促，书中史料遗漏与疏忽，甚至是错误之处亦在所难免。敬请有关专家和读者予以批评指正。

韩　露

2014 年 10 月